Renate Moog

Weihnachtliches Basteln mit Kindern

Vorlagen und Anleitungen

Augustus Verlag

Liebe Kinder und Bastelfreunde,

es ist einfach toll, daß ihr nun dieses Bastelbuch in euren Händen haltet und es Seite für Seite durchblättert. Kommt da nicht diese kribbelnde Spannung auf, wenn ihr an Weihnachten denkt? Ja, Weihnachten!
Bald ist es wieder soweit, und sicher habt ihr ganz viele Freunde oder Freundinnen, denen ihr gerne eine kleine Freude bereiten wollt.
Auch Vater und Mutter, Opa oder Oma würden sich garantiert über eine Bastelarbeit von euren Händen gefertigt freuen. Am besten, ihr fangt rechtzeitig an, verschiedenartigste Materialien zu sammeln.
Vieles, was ich in diesem Buch verwendet habe, findet ihr in eurer engsten Umgebung, anderes wiederum müßt ihr entweder besorgen oder bei einem Spaziergang sammeln.

Schritt für Schritt werden wir gemeinsam die wunderschönen Motive ausarbeiten. Die Bastelvorlagen könnt ihr einerseits abpausen, andererseits dienen sie euch als Bastelhilfe, d.h., sie zeigen euch die Reihenfolge der einzelnen Arbeitsschritte an.
Beginnen wir doch einfach mit einer Laterne zum St. Martinstag, denn an diesem 11. November ziehen viele Kinder am Abend durch die Straßen und tragen hellerleuchtete, farbenprächtige Laternen vor sich her. Wollt ihr nicht auch mit eurer Laterne dabei sein?
Wenn der November zu Ende geht, sollten wir langsam an einen Adventskalender denken, denn am 1. Dezember kann das erste Türchen oder das erste Schächtelchen geöffnet werden. Und dann kommt ja noch der 6. Dezember auf uns zu, der Nikolaustag. Auch hierfür sollten wir einen Stiefel aus Karton oder einen Strumpf aus Filz basteln, denn worin sonst sollte St. Nikolaus Nüsse, Äpfel und Süßigkeiten für euch bereitstellen.
Nach diesen aufregenden Tagen haben wir dann Zeit, viele Geschenke anzufertigen. Auch für den 24. Dezember, zum Geburtstag des Jesuskindes, bleibt immer noch die Gelegenheit, eine Krippe zu basteln. Nun lassen wir uns aber nicht länger aufhalten – Weihnachten steht vor der Tür.
Ich wünsche euch lustige Bastelstunden und hoffe, daß ihr ein fröhliches Weihnachtsfest im Kreise eurer Familie verbringen könnt.

eure
Renate Mogg

Inhalt

Materialliste

Tonpapier
Ein Bastelpapier entweder farblich gemischt in Bastelmappen oder einzeln in DIN A3 Größen, in allen Schreibwarengeschäften zu erhalten.

Tonkarton
Farbiger Bastelkarton in DIN A3 Größe, in Hobby- und Bastelgeschäften zu erhalten; besonders aber in Geschäften, die Artikel für den Grafiker führen.

Transparentpapier
Auch in Kaufhäusern erhältlich. Es ist dünn, durchscheinend und wird in mehreren leuchtenden Farben angeboten.

Glaskugel
Das Material ist transparentes Plexiglas. Die Kugel kann mittig geöffnet werden und hat eine Öse zum Aufhängen.

Scheren
Normale Haushalts- bzw. Papierschere und eine kleine Nagelschere sollten bei Bastelarbeiten mit Papier immer bereit liegen.

Bastelmesser
Auch als Cutter oder Schneidmesser bekannt. Mit ihm kann man engste Kurven sauber ausschneiden. Außerdem hinterläßt es fransenfreie Schnittkanten. Das Messer besteht aus einem Schaft, in dem sich eine herausschiebbare Klinge befindet, deren Spitze bei Stumpfheit einfach abgebrochen werden kann. Die Klingen sind in Nachfüllpackungen erhältlich.

Zange
Dünnere Zweige, Leisten- oder Rundhölzer können mit einer Zange abgezwickt werden.

Gummiringe
Hilfsmittel zum Zusammenpressen zweier Teile, die miteinander verklebt werden sollen. Ebenso können auch Wäscheklammern verwendet werden.

Klebstoffe
Ponal express, Pritt Bastelkleber und Uhu Bastelkleber sind Leime, die transparent auftrocknen: für Holzverbindungen, Bastelarbeiten mit Filz und Styropor ideal geeignet. Diese Mittel können problemlos ausgewaschen werden.
Uhu extra und Pattex transparent kleben Teile wie Metall, Glas und Folien glasklar zusammen. Übrigens – ein guter Klebstoff lohnt sich immer.

Bastelhalme
Strohhalme für Sternenbasteleien, Schaschlikspieße und Zahnstocher für Holzarbeiten. Ein kostensparendes, natürliches Bastelmaterial.

Glitter
In Röhrchen oder kleinen Dosen farblich sortiert im Handel. Ob sternen- oder körnchenförmig, auf jeden Fall ein dekorativer Schmuck für viele Bastelarbeiten.

Farben
Plaka-Farben trocknen matt auf und müssen bei Glanzwunsch lackiert werden. Deka-Lackfarben sind zwar etwas teurer, trocknen aber wischfest und glänzend auf. Beide Farbenmarken sind wasserlöslich, d.h., ein Wasserglas zum Auswaschen der Pinsel genügt.

Draht/Chenilledraht
Einfacher Wickeldraht reicht aus für Gestecke und Kränze. Für dekorative Zwecke sollte Kupfer-, Messing- oder Silberdraht Verwendung finden. Bastelgeschäfte führen ein reichhaltiges Sortiment.
Chenilledraht ähnelt den sogenannten Pfeifenputzern; er ist allerdings länger und stärker.

Garne/Schnüre
Für jegliche Art von Aufhängung oder Verzierungen.

Bastelstyropor
Ob kugelförmig oder eiförmig, es läßt sich leicht schneiden, einfärben und gut zusammenkleben.

Wachs
Im Fachhandel zu erhalten als Wachsschnüre für Wickel- oder Flechtarbeiten; außerdem Wachsplatten zum Bekleben von Kerzen.

Hanf
Als Haare oder für Flechtarbeiten zu verwenden.

Folien/Kreppapier
Folienpapiere lassen sich leicht bearbeiten, aber Vorsicht auf die manchmal scharfen Kanten. Kreppapier gibt es das ganze Jahr über im Handel. Fertige Bastelarbeiten nicht im Fenster aufstellen, da farbiges Kreppapier sofort ausbleicht.

Laternen und Lampions

Stocklaterne

Material
Haselnußstöcke
1 Kistchenbrett
Schnur
Transparentpapier (Bastelmappe)
1 Kerze, ⌀ 3,5cm
1 Blechhülle von einem Teelicht
Draht
Bastelleim

Zuerst schneiden wir die gesammelten Stöcke auf eine Länge von 22cm zu oder zwikken diese einfach mit einer Kombi-Zange ab. Jetzt betrachten wir erstmals die Zeichnung A auf Seite 12 und legen vier Stöcke so übereinander, daß sie ein Quadrat bilden und verbinden dann die Enden mit einer Schnur. Um ein nachträgliches Durchrutschen der Stöcke zu vermeiden, umwickeln wir die Enden mehrmals; ein fester Doppelknoten zum Schluß, und die Verbindung hält. Jetzt wiederholen wir das Ganze noch einmal, stellen dann beide Stockquadrate auf, legen einen weiteren Stock als Querverbindung auf die hervorstehenden Quadratenden und verbinden das Ganze wiederum mit Hilfe der Schnur, die auch hier über Kreuz um die Stockenden herumgeführt wird. Beachten wir hierzu Zeichnung B. Sind alle Querverbindungen rutschfest zusammengebunden, schneiden wir das Kistchenholz mit einer Haushaltsschere zu, so daß dieses danach genau auf den unteren Stöckchen an zwei gegenüberliegenden Seiten aufliegt. Etwas Leim zwischen Stöcke und Kistchenholz auftragen und mit mehreren Wäscheklammern zusammenpressen, bis der Leim transparent aufgetrocknet ist. In der Zwischenzeit bereiten wir unser Transparentpapier vor und schneiden es den seitlichen Stockquadraten entsprechend einen halben Zentimeter größer zu. Mit einer ganz dünnen Leimspur versehen, jeweils die beiden senkrechten Papierkanten an die senkrechtstehenden Haselnußstöcke der Laternenkonstruktion kleben. Jetzt ein Drahtstück am Ende eines ca. 45cm langen Haselnußstockes als Aufhängevorrichtung anbringen und auch an der Laterne selbst an zwei sich gegenüberliegenden Stöcken den Aufhängedraht befestigen. Hierbei hilft uns wiederum Zeichnung C. Zum Schluß noch eine leere Blechhülle eines Teelichts auf die Bodenmitte der Laterne kleben, und schon können wir gemeinsam dem St. Martinstag entgegensehen.

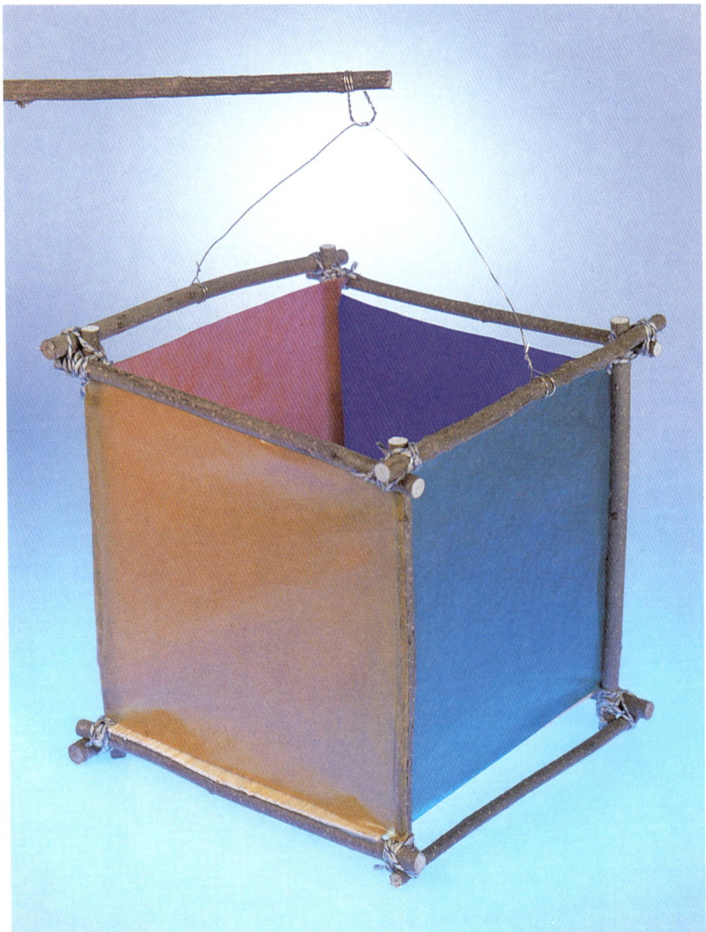

Einzelne Arbeitsschritte sind auf Seite 12 dargestellt:
A Zusammensetzen der Stöcke
B Stockverbindung
C Drahtaufhängung

Holzlaterne

Wir benötigen jetzt erst einmal 24 gleichlange Holzleisten in der Größe von 22cm x 2cm. Übrigens, Kistchenholz erhalten wir in Supermärkten. Betrachten wir nun die Zeichnung A auf Seite 13. Vier Kistchenleisten kantengleich so aufeinanderlegen, daß sie ein Quadrat bilden; dabei Bastelleim zwischen die Verbindungsstellen auftragen. Zwei weitere Holzleisten unseres Zuschnitts legen wir nun in gleichmäßigem Abstand zu den anderen Leisten in das Quadrat und leimen diese ebenfalls auf. Alle Verbindungen mit Wäscheklammern so lange zusammenpressen, bis der weiße Leim transparent aufgetrocknet ist. Diesen Zusammenbau wiederholen wir noch dreimal und erhalten so vier Laternenwände. Als nächstes schneiden wir vom Karton vier Streifen ebenfalls in der Größe von 22cm x 2cm ab, halbieren diese der Länge nach, ritzen die Streifen entlang der Markierungslinie mit dem Bastelmesser ganz leicht ein und knicken die Teile dann zu einem Winkel. Jetzt betrachten wir Zeichnung B und erkennen, wie die Laternenwände zusammengesetzt werden. Wir bestreichen nun die äußeren Kartonkanten großzügig mit Leim und kleben zwei Laternenwände kantengleich am Kartonwinkel an. Mehrere Wäscheklammern halten auch hier die Teile rutschfest zusammen. Das Gleiche geschieht mit den restlichen drei Kartonwinkeln und den zwei Seitenwänden.

Ein ca. 5cm breites und 23cm langes Kistchenholz kleben wir als schmalen Laternenboden auf die unteren Leistenkanten zweier sich gegenüberstehender Laternenwände und warten auch hier, bis der Leim trocken ist. Jetzt verzieren wir die Wände mit bunten Transparentpapierstreifen; Hilfestellung hierzu gibt Zeichnung C.

Zum Schluß jetzt einen Draht als Aufhängung an zwei sich gegenüberliegenden Leisten anbringen und an einer 5mm Holzleiste, die ca. 45cm lang ist, eine hakenförmige Aufhängevorrichtung anbringen; hierzu können wir die Darstellung von Seite 12 Zeichnung C zu Hilfe nehmen.

Nun noch eine leere Blechhülle eines Teelichts auf der Bodenmitte befestigen und eine Kerze einsetzen.

Material
Kistchenholz
Karton
Transparentpapier (Bastelmappe)
1 leere Blechhülle eines Teelichts
1 Kerze, ⌀ 3,5cm
Draht
8mm Holzleiste

Eine Bastelhilfe befindet sich auf Seite 13:
A Grundaufbau
B Verbindung der Seitenwände
C Transparentbeklebung

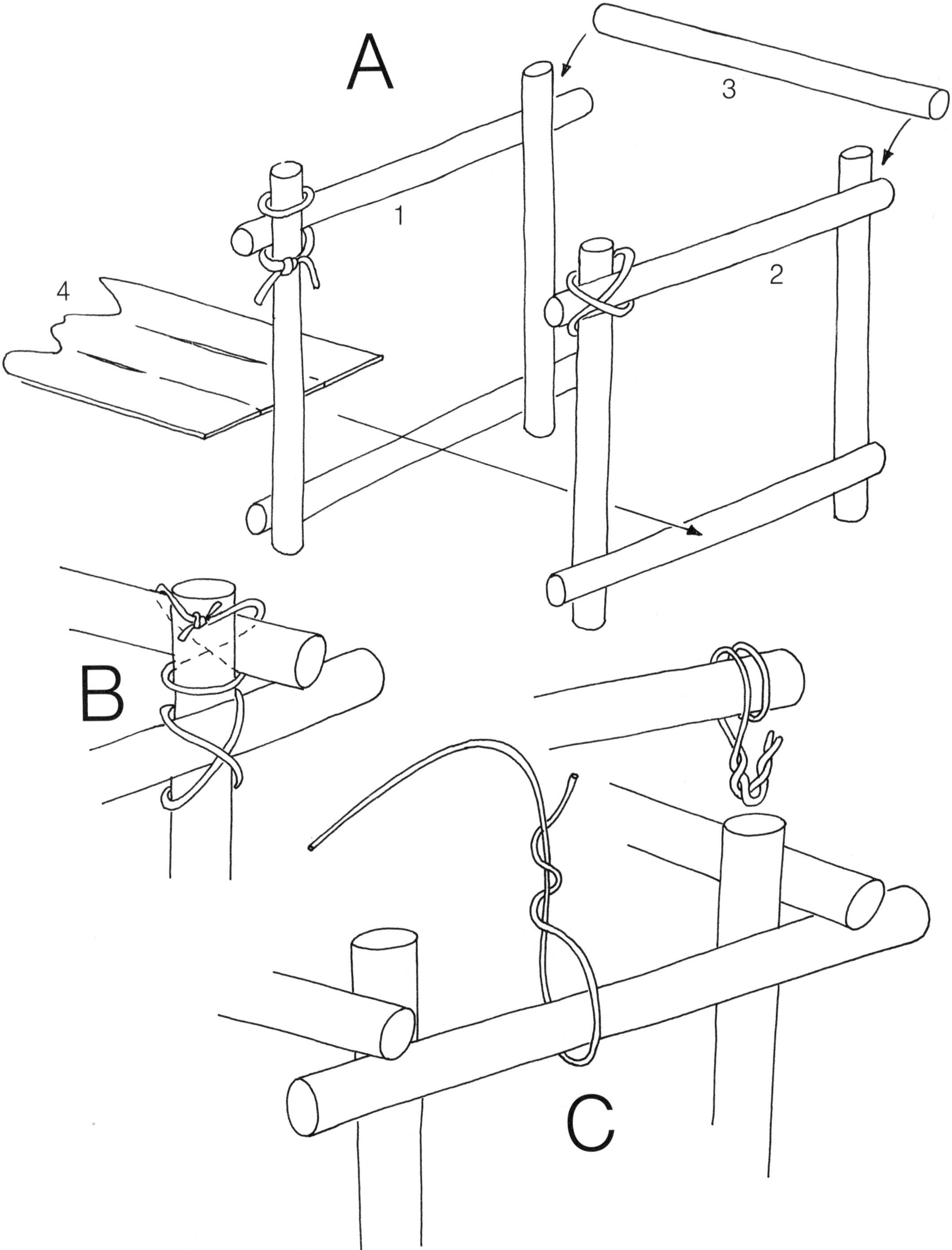
A
1
2
3
4
B
C

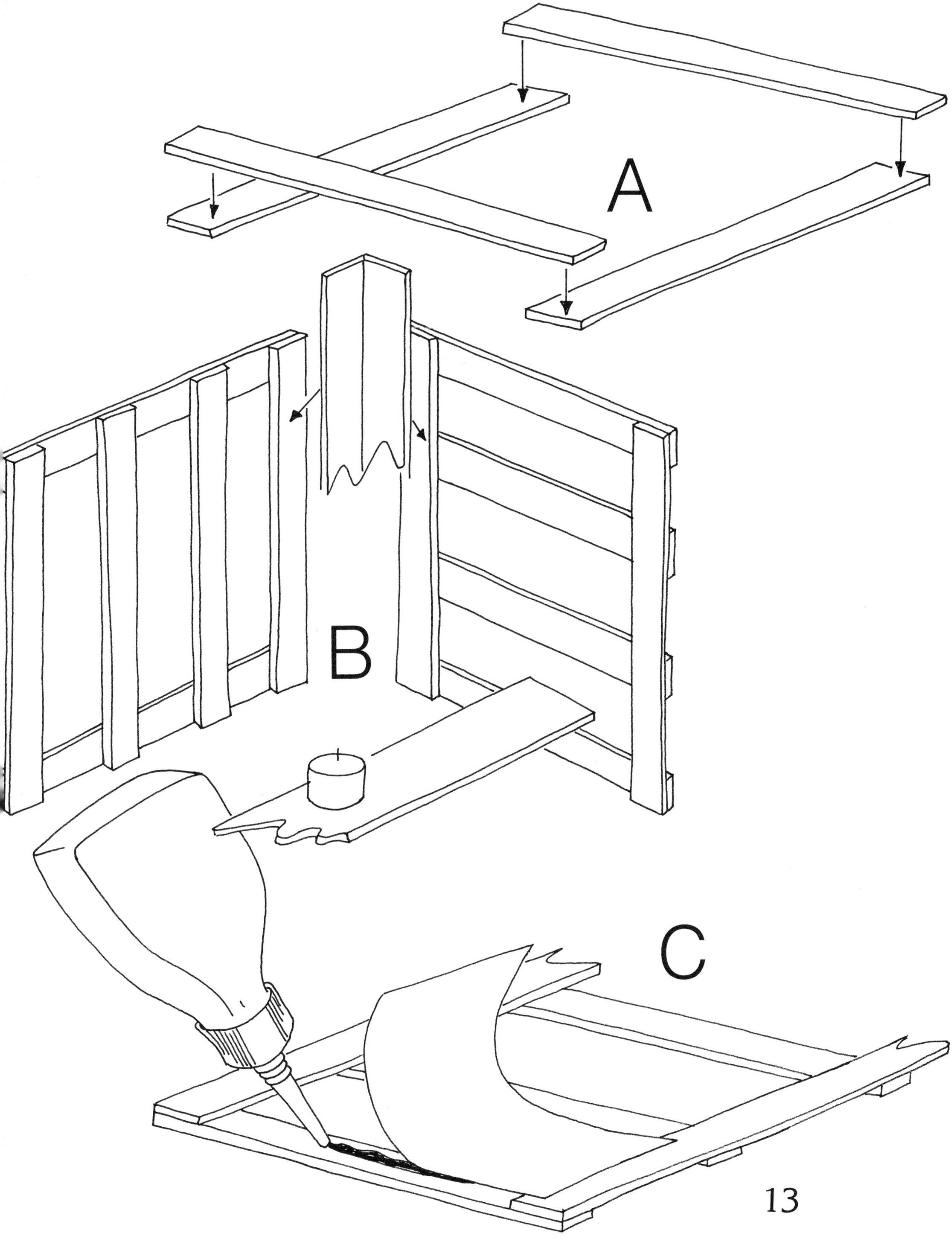
A
B
C

Strohlaterne

Material
Strohhalme aus der Natur oder Strohhalmspitzen aus dem Bastelgeschäft
Tonkarton in Rot
Transparentpapier in Gelborange
Wellpappe
1 leere Blechhülle von einem Teelicht
1 Kerze, ∅ 3,5cm
Draht
6mm Leistenholz, ca. 45cm lang

Zuerst pausen wir den Laternenboden ab und übertragen ihn auf den roten Tonkarton. Wir betrachten nun bei Zeichnung B die drei Arbeitsschritte. Mit einem Bastelmesser ritzen wir den 1,5cm vom Außenrand entfernten Kreis vorsichtig an, dann schneiden wir die äußere Kreiskontur aus. Den Kartonrand schneiden wir gleichmäßig ein und knicken ihn fest in Richtung Bodenmitte. Wir nehmen unsere Wellpappe und schneiden einen 2,5cm breiten, 52cm langen Streifen zu und kleben ihn an den hochgeknickten Bodenrand. In die kleinen Luftkammern der Wellpappe geben wir etwas Bastelleim und stecken nacheinander 22cm lange naturbelassene Strohhalmspitzen ein. Vom roten Tonkarton schneiden wir zwei 2,5cm breite und 53cm lange Streifen ab und kleben einen davon zu einem Ring zusammen. Diesen Ring kleben wir als oberen Abschlußrand an der Innenseite des Strohhalmkreises mit Hilfe von Wäscheklammern fest. Den anderen Streifen von außen dagegenkleben. Zusätzlich verstärken wir Boden- und Oberrand mit je einem 3cm breiten, roten Tonkartonstreifen. Das Transparentpapier kleben wir von der Innenseite her an. Die Blechhülle kleben wir in der Bodenmitte fest, setzen eine Kerze ein und bringen dann die Drahtaufhängung ähnlich der Zeichnung C auf Seite 12 beim Stock sowie den Aufhängedraht am Laternenrand an.

Die Bastelvorlage und die Bastelhilfe sind auf Seite 16 zu finden:
A Laternenboden
B Grundaufbau, Boden

Papierlaterne

Zuerst pausen wir die Vorlagen A,C,D und E ab und übertragen diese auf ein 54cm langes, 20cm breites blaues Tonkartondreieck: die Sonne und den Mond je 1mal, den Stern so oft ihr wollt. Jetzt schneiden wir alle aufgezeichneten Teile aus und bekleben die freien Stellen gleich mit dem orangefarbigen Transparentpapier. Die herausgeschnittenen Sterne heben wir für die Randverzierung bis zum Schluß auf. Das Tonpapier jetzt mit der beklebten Seite innen zu einem Kreis zusammenkleben und den Boden aus einem Schuhkarton zuschneiden. Dann 1,5cm vom Rand entfernt den inneren Kreisrand leicht anritzen. In gleichmäßigen Abständen schneiden wir nun den Rand ein und knicken letzteren fest in Richtung Bodenmitte. Als nächstes streichen wir die Bodenkante der Laterne an der Innenseite mit Klebstoff ein und setzen den Boden von oben her ein. Den oberen Laternenrand verstärken wir noch mit einem 2,5cm breiten Tonpapierstreifen und bringen dann eine Aufhängevorrichtung aus Draht an; hierzu könnt ihr Zeichnung C auf Seite 12 zu Hilfe nehmen. Eine Blechhülle eines Teelichts auf die Bodenmitte kleben und eine Kerze einsetzen.

Mein Tip!

Immer warten bis der Klebstoff trocken ist.

Material

Tonpapier in Blau
Karton oder Schuhkarton
Transparentpapier in Gelborange
1 leere Blechhülle von einem Teelicht
1 Kerze, ∅ 3,5cm
Draht
6mm Rundholz, ca. 45cm lang

Die Motivvorlagen zur Papierlaterne sind auf den Seiten 16 und 17 zu finden:
A Boden
C Sonne
D Mond
E Stern

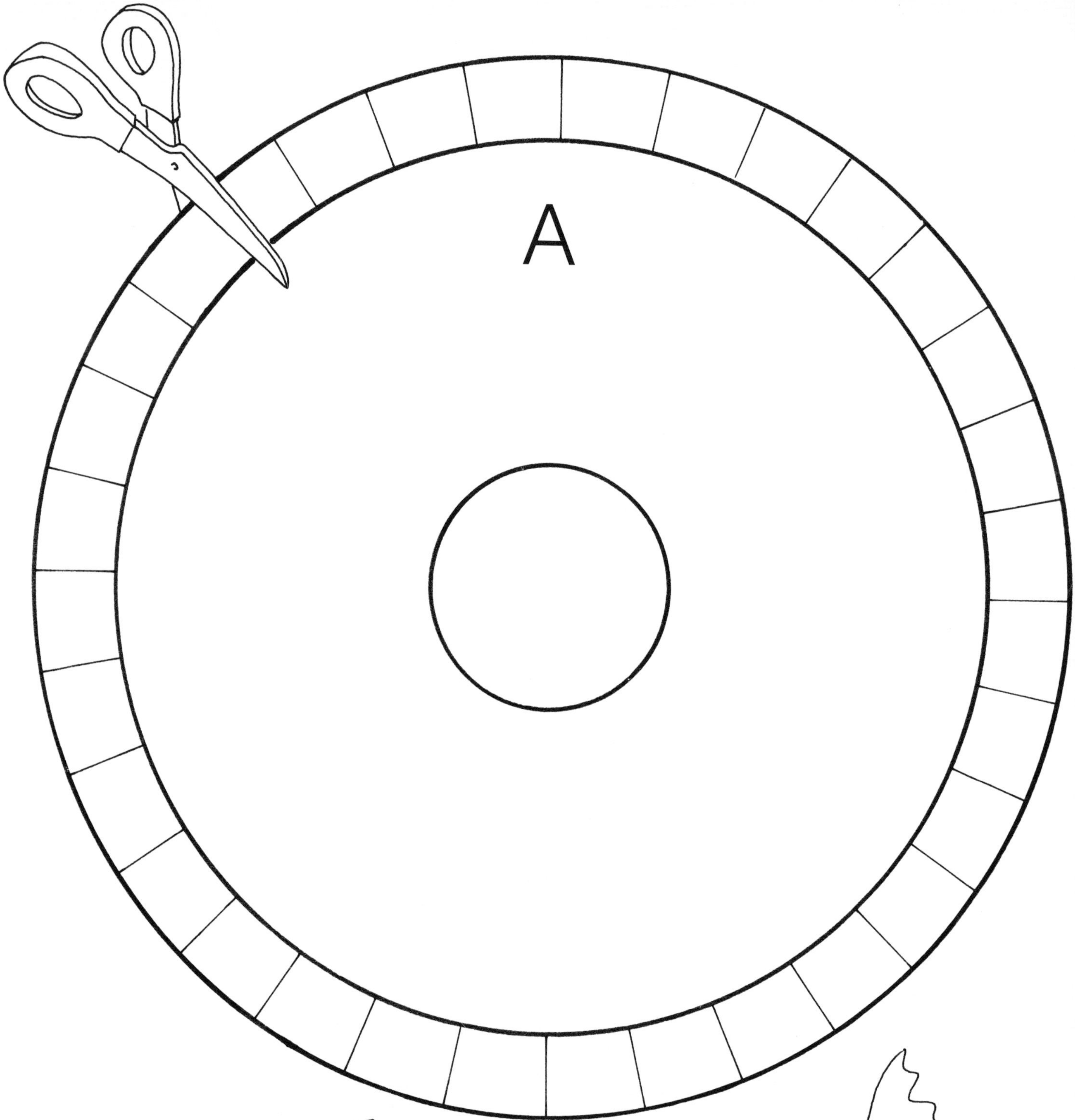
A

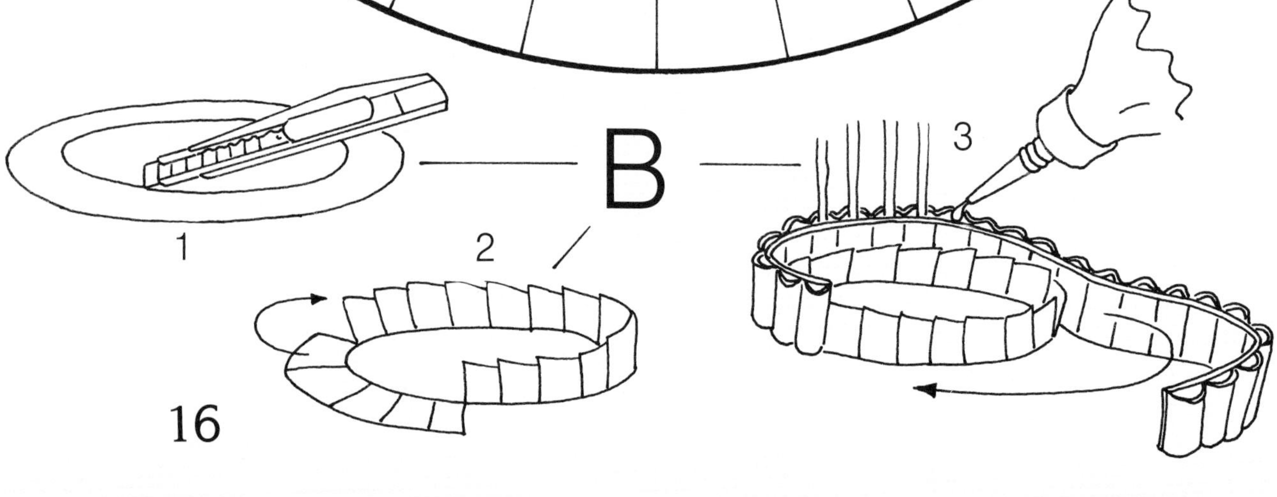
B
1
2
3

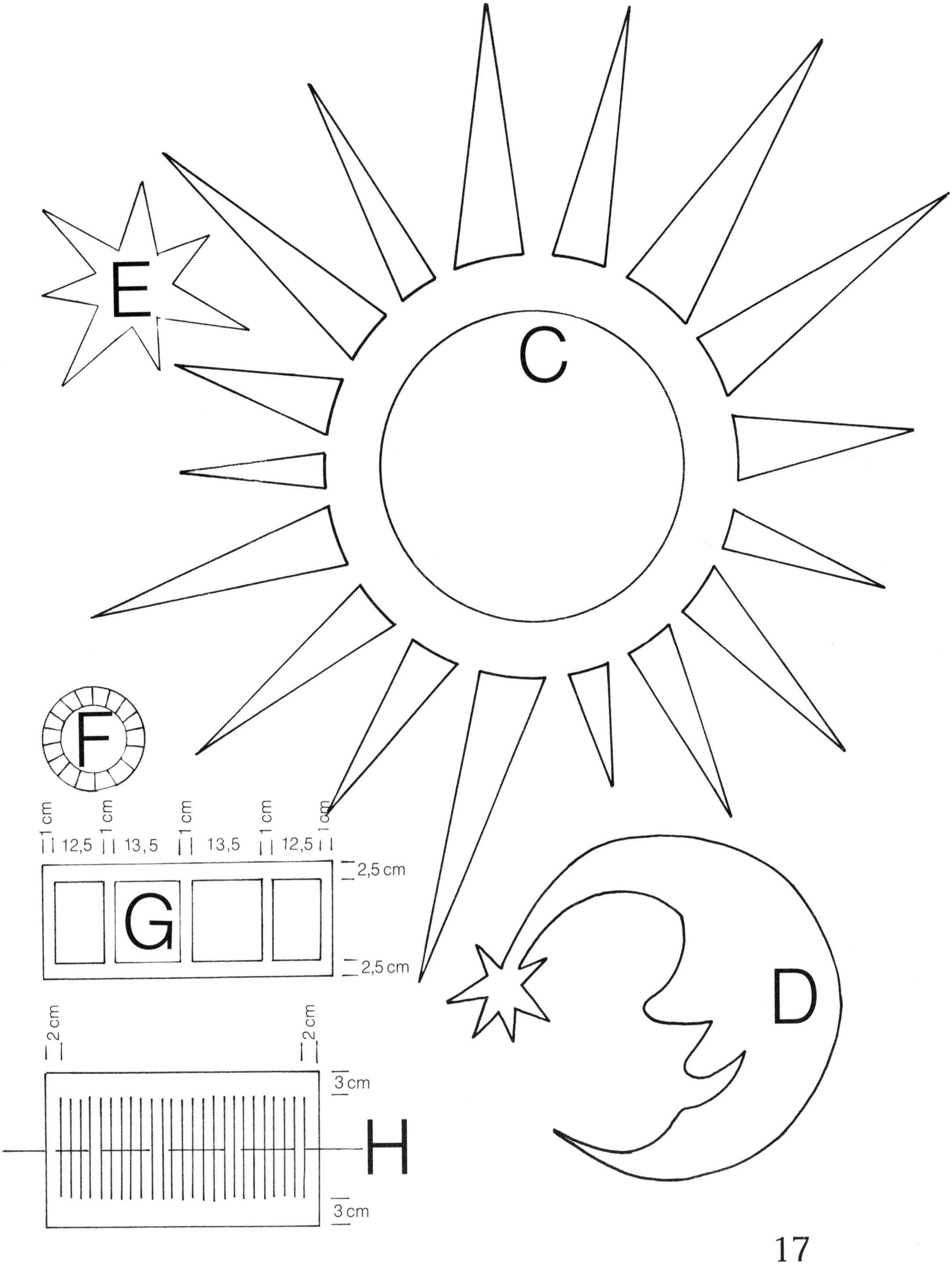
E
C
F
1 cm
1 cm
1 cm
1 cm
1 cm
12,5
13,5
13,5
12,5
2,5 cm
G
2,5 cm
D
2 cm
2 cm
3 cm
H
3 cm

Folienlaternen

Material
Metallfolie
farblich passender Tonkarton
1 leere Blechhülle von einem Teelicht
1 Kerze, ∅ 3,5cm
Draht
8mm Rundholz, ca. 45cm lang

Beide Laternen haben ein und dasselbe Bodenmaß; Durchmesser: Außenkreis 20,5 cm, Innenkreis 17,5 cm. Wir erhalten so einen Laternenboden wie in Zeichnung F auf Seite 17 dargestellt. Wir schneiden nun die äußere Kreiskontur aus, dann den schmalen Randstreifen gleichmäßig ein und knikken die Einschnittfelder um.
Für die gelochte Laterne schneiden wir ebenfalls aus dem Tonkarton ein 22cm hohes Laternengerüst aus; weitere Maßangaben finden wir in Zeichnung G auf Seite 17. Nach dem Aufzeichnen zuerst die inneren Flächen herausschneiden, dann der äußeren Randkontur entlang schneiden, so daß wir zum Schluß eine leiterähnliche Konstruktion haben. Diese kleben wir auf die Metallfolie, schneiden die überstehenden Kanten ab und kleben das Ganze zu einem Kreis zusammen. Am unteren Rand an der Innenseite verstreichen wir Klebstoff und setzen von oben her den Boden ein. Jetzt können wir nach Lust und Laune mit einer Sticknadel sternenförmige Muster in die Metallfolie einstechen.
Für die eingeschnittene Laterne schneiden wir unsere Metallfolie auf 56cm Länge sowie 30cm Breite = Höhe zu, legen den Zuschnitt der Länge nach hälftig zusammen, drükken die Bruchkante vorsichtig mit dem Finger auf den Tisch und klappen das Ganze wieder flach auseinander. Jetzt schneiden wir uns zwei 56cm lange und 3cm breite Kartonstreifen, verstärken damit obere sowie untere Laternenkante und schneiden dann die Folie in 1cm Abständen von Kartonkante zu Kartonkante ein. Weiterhin schneiden wir uns vier 1cm breite und 22cm lange Tonkartonstreifen und kleben diese gleichmäßig verteilt an den unteren Kartonrand. Jetzt rollen und kleben wir die Folie vorsichtig zu einem Kreis und setzen den Boden von oben her ein. Die noch losen 1cm breiten Kartonstreifen kleben wir an der Oberkante fest; da die Streifen kürzer sind als die Folienhöhe, müssen wir den oberen Rand etwas nach unten drücken. So entsteht die schön geschwungene Laternenform. Die Drahtaufhängung erfolgt wie bei den anderen Laternen.

Bastelhilfen für beide Folienlaternen sind auf der Seite 17 zu finden:
F Laternenboden
G Laternengerüst
H Folienzuschnitt für die eingeschnittene Laterne

Sternlampion

Material
Tonkarton in Lila
Transparentpapier: Gelb und Orange
1 Lampion in Lila
8mm Rundholz, ca. 45cm lang
Draht

Wir pausen Zeichnung A 4mal ab und setzen die Teile so zusammen, daß jeweils die Strich-Punkt-Strichlinien und die Strich-Kreuz-Strichlinien zusammenstoßen; Zeichnung B auf Seite 22 zeigt die Form des kompletten Sterns. Wir legen den Stern nun so auf den Tisch, daß die Stoßkanten der Strich-Kreuz-Strichlinien seitlich liegen, und schneiden den obersten Zacken, wie ebenfalls aus der Zeichnung B ersichtlich, heraus. Jetzt zeichnen wir die Vorlage 2mal auf den Tonkarton auf und schneiden sie aus. Die beiden farbigen Transparentpapiere legen wir abwechselnd über die Sternzacken, zeichnen die Außenkontur nach, schneiden sie 1mm kleiner aus und kleben sie auf einen Kartonstern; dann den zweiten Stern darüberlegen. Jetzt schieben wir den Stern in die untere, verstärkte Lampionrille und kleben ihn dort fest; dabei bleibt der Lampion zusammengefaltet. Beim Auseinanderfalten schließen die beiden Verschlußkanten die obere Sternhälfte ein. Zum Schluß bringen wir noch einen Aufhängehaken aus Draht an unserem Stock an und nehmen uns hierfür die Zeichnung C auf Seite 12 zu Hilfe.

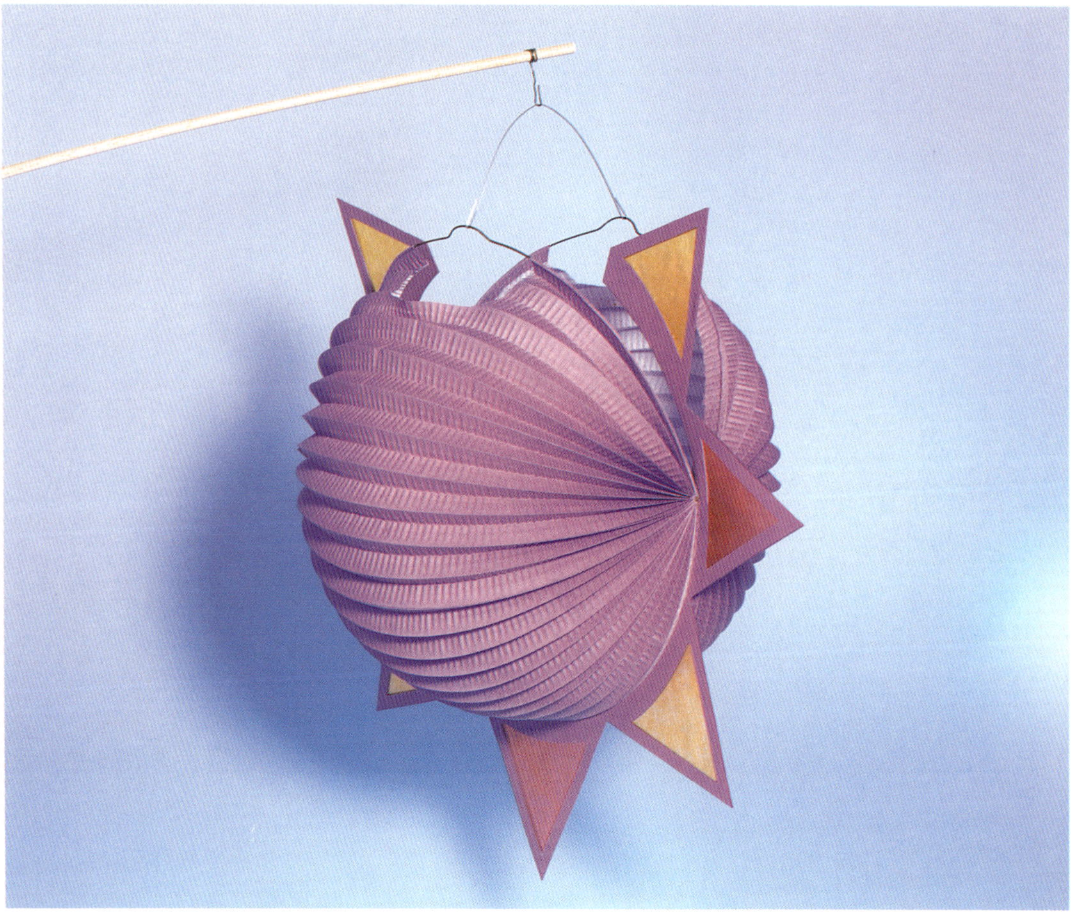

Die Bastelvorlage und eine Bastelhilfe für den Sternlampion sind auf der Seite 22 zu finden:
A 1/4 Sternmotiv
B Zusammensetzung des Sterns

Froschlampion

Die Vorlagen pausen wir ab und übertragen sie auf den grünen Tonkarton, und zwar: das Kopfteil mit angeschnittenem Arm 2mal, das Hinterbein 4mal und den zweiten Arm wiederum 2mal. Danach schneiden wir die Konturen aus und legen die Teile paarweise zusammen. Das farbige Transparentpapier legen wir nun über die einzelnen Formen und zeichnen die äußere Kontur exakt nach, dann schneiden wir 1mm innerhalb der gezeichneten Linie die Transparentteile aus und kleben sie jeweils auf ein Kartonteil, dann das andere Kartonteil passend darüber. Jetzt kleben wir die beiden Hinterbeine mit etwas Abstand in die untere, verstärkte Lampionrille und klammern das Ganze mit Wäscheklammern fest. Nach dem Antrocknen falten wir den Lampion etwas auseinander und kleben das Kopf- und zweite Armteil an eine verstärkte Verschlußkante des Lampions. Den Aufhängehaken aus Draht am Stock wie in Zeichnung C Seite 12 handhaben.

Mein Tip!

Verwendet einen blauen Lampion, und es scheint, als ob der Frosch im Wasser schwimmt.

Material

Tonkarton in Pastellgrün
Transparentpapier in Grün
1 Lampion in Grün
8mm Rundholz, ca. 45cm lang
Draht

Die Bastelvorlagen zum Froschlampion sind auf den Seiten 22 und 23 zu finden:
C Kopf mit einem Arm
D Hinterbein
E Zweiter Arm

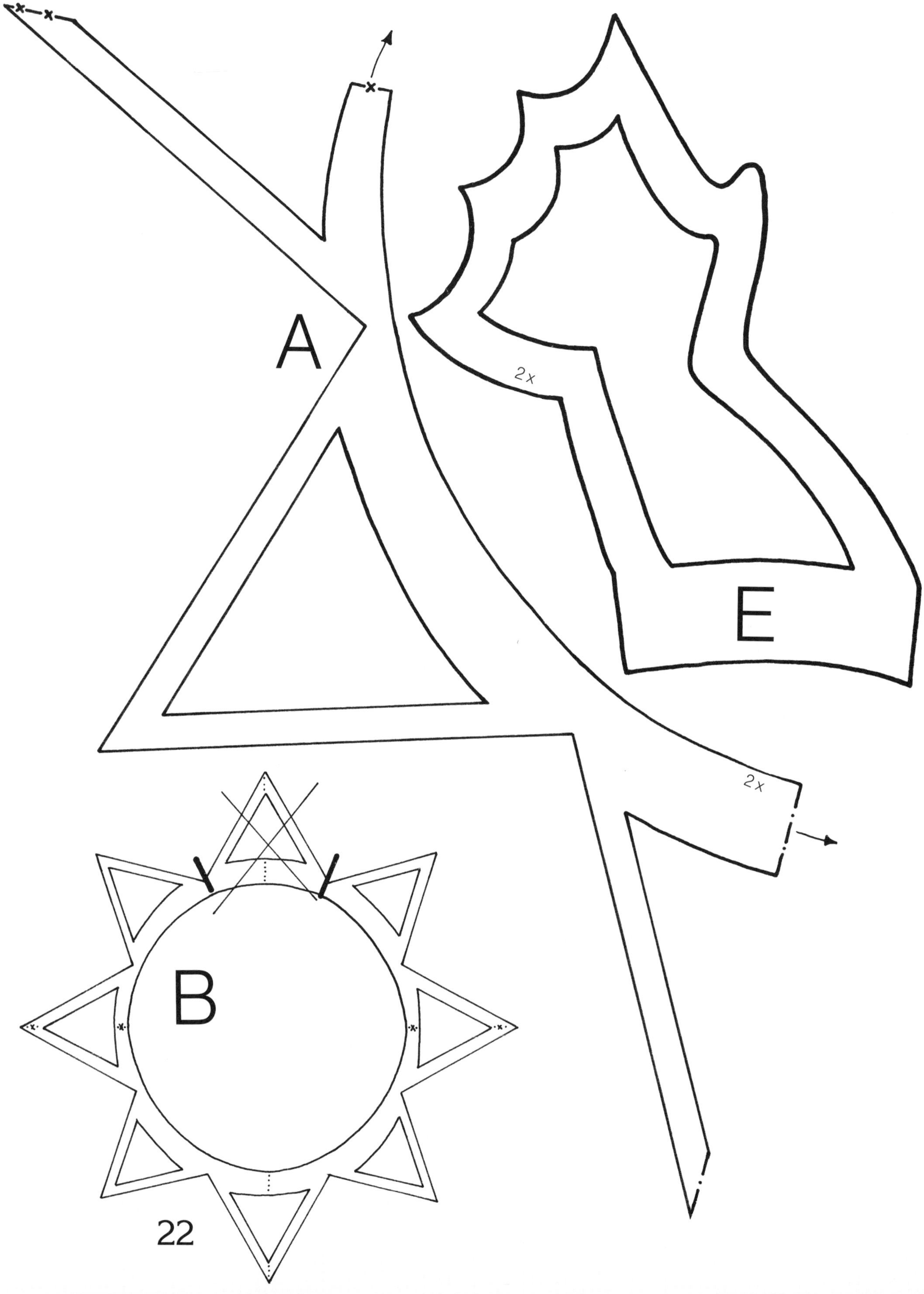
A
E
2x
2x
B

2x
C
D
4x

1
2
3
7
8
9

Adventskalender und Nikolausgaben

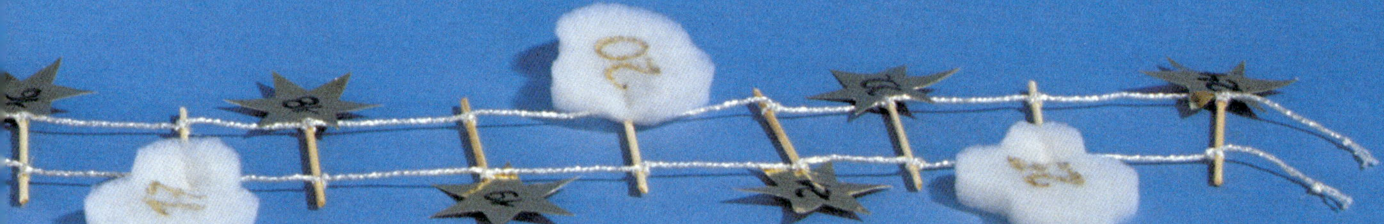

Himmelsleiter

Material
Holzstäbchen
Geschenkschnur
Filz in Weiß
Metallfolie in Gold
Tonkarton in Weiß
Glitter in Gold
Tortenspitze, ∅ 36cm
Draht
Marabufedern

Die Vorlagen und Bastelhilfen sind auf den Seiten 28 und 29 zu finden:
A Kopf
B Vorderes Haarteil
C Hinteres Haarteil
D Arme
E Flügel
F Anfertigung des Kleides
G-H Wolken
K Stern

Zuerst pausen wir die Vorlagen A,B,C,D und E ab, übertragen diese auf den weißen Tonkarton und schneiden sie aus. Vorlage A benötigen wir 2mal, alle anderen Teile je 1mal. Jeweils die Außenseite von vorderem und hinterem Haarteil mit Klebstoff einstreichen und Glitter darüberstreuen; den Flügel sowie die Ärmelabschlußkanten ebenso verzieren.
Jetzt betrachten wir Zeichnung F von Seite 28 und bereiten wie in den vier Arbeitsschritten dargestellt das Engelskleid vor. Die glatte Innenfläche der Tortenspitze schneiden wir heraus, dann fälteln wir den Spitzenrand gleichmäßig ein, so daß wir in der Mitte fast kein Loch mehr haben; mit Tesafilm letztere zusammenhalten. Das Armteil an die obere Kantenmitte kleben und beide Kopfteile von vorne und hinten dazukleben. Ebenso den Flügel von hinten anbringen. Jetzt schneiden wir ein 6cm langes Drahtstück ab, legen es zur Hälfte zusammen und stecken die beiden Enden an den Markierungspunkten des Brustteils nach hinten durch, dort verdrehen wir beide Enden miteinander und formen ein Häkchen. Zum Schluß noch die Haare aufkleben, das Gesicht einzeichnen und ein paar Marabufedern auf das Brustteil kleben. Jetzt pausen wir die Wolken und den Stern ab und schneiden diese aus dem betreffenden Material zu. Die Schaschlikspieße kürzen wir auf 9cm Länge und verbinden 24 Stück davon mit einer Geschenkschnur; Sprossenabstand: 6cm. An die Holzenden kleben wir nun die Wolken und die Sterne, numerieren diese, und schon kann der Engel jeden Tag eine Sprosse tiefer herabsteigen.

Schäfchenkalender

Material
Filz: Weiß, Braun Orange, Grau und Schwarz
Holzstäbchen (Schaschlikspieße und Zahnstocher)
9mm Balsaholz
farblich passender Zwirn
1 Styroporei, 4cm lang
1 Styroporkugel, ∅ 3cm
3 Wattekugeln, ∅ 1,3cm

Die Vorlagen und Bastelhilfen zum Schäfchenkalender sind auf der Seite 29 zu finden:
L Schäfchen
M Hutkrempe
N Hirtengewand
O Schultertasche
P Körperaufbau

Wir zwicken oder schneiden von den Zahnstochern die Spitzen ab, befestigen zwei parallelliegende Schaschlikspieße mit Tesafilm so auf einer festen Unterlage, daß die Enden der Zahnstocher um ca. 1cm überstehen und kleben letztere mit großen Leimtropfen auf den Holzstäbchen fest. Die Unterlage zunächst zur Seite legen und drei weitere Zaunteile anfertigen; gut trocknen lassen. In der Zwischenzeit nehmen wir die Schäfchenvorlagen, legen diese auf den Filz unserer Wahl und schneiden pro Schäfchen den Körper und das Ohr je 2mal, Vorder- und Hinterbein je 4mal zu. Die Beine kleben wir paarweise zusammen und schieben jeweils einen Zahnstocher ein. Den Körper kleben wir am Rand entlang zusammen und lassen am Rücken eine Öffnung frei. Ohren und Beine jetzt an den richtigen Stellen aufkleben. Bastelt so viele Schäfchen, wie ihr wollt. Den Hirten fertigen wir wie in Zeichnung P dargestellt aus einem Styroporei, Zahnstocher und Wattekugeln an. Das Gewand an den Markierungen falten, auf den Hals stecken und mit einem Filzstreifen in der Taille zusammenhalten. Jetzt erst stecken wir den Kopf auf und malen das Gesicht drauf. Aus der grauen Hutkrempe schneiden wir den kleinen Kreis heraus und setzen ein Kopfteil von 2,5cm Höhe ein (Zeichnung Q); dabei 5mm am unteren Rand mehrmals einschneiden. Einen runden Hutdeckel einfach aufkleben. Die Schultertaschen 2mal zuschneiden, falten und an beiden Seiten zusammenkleben, dann mit einem Filzstreifen verbinden. Von dem Balsaholz schneiden wir Zaunpfähle in der Größe von 6cm x 6cm und 7cm Höhe ab und stecken die Zaunteile ein; mit einer Holzstabspitze vorbohren und die Löcher mit Leim versehen. Wir warten bis alles gut trocken ist und hängen dann Schäfchen, Hirte und kleine Körbchen an die unteren Zaunstäbchen.

3
15
19
12
13

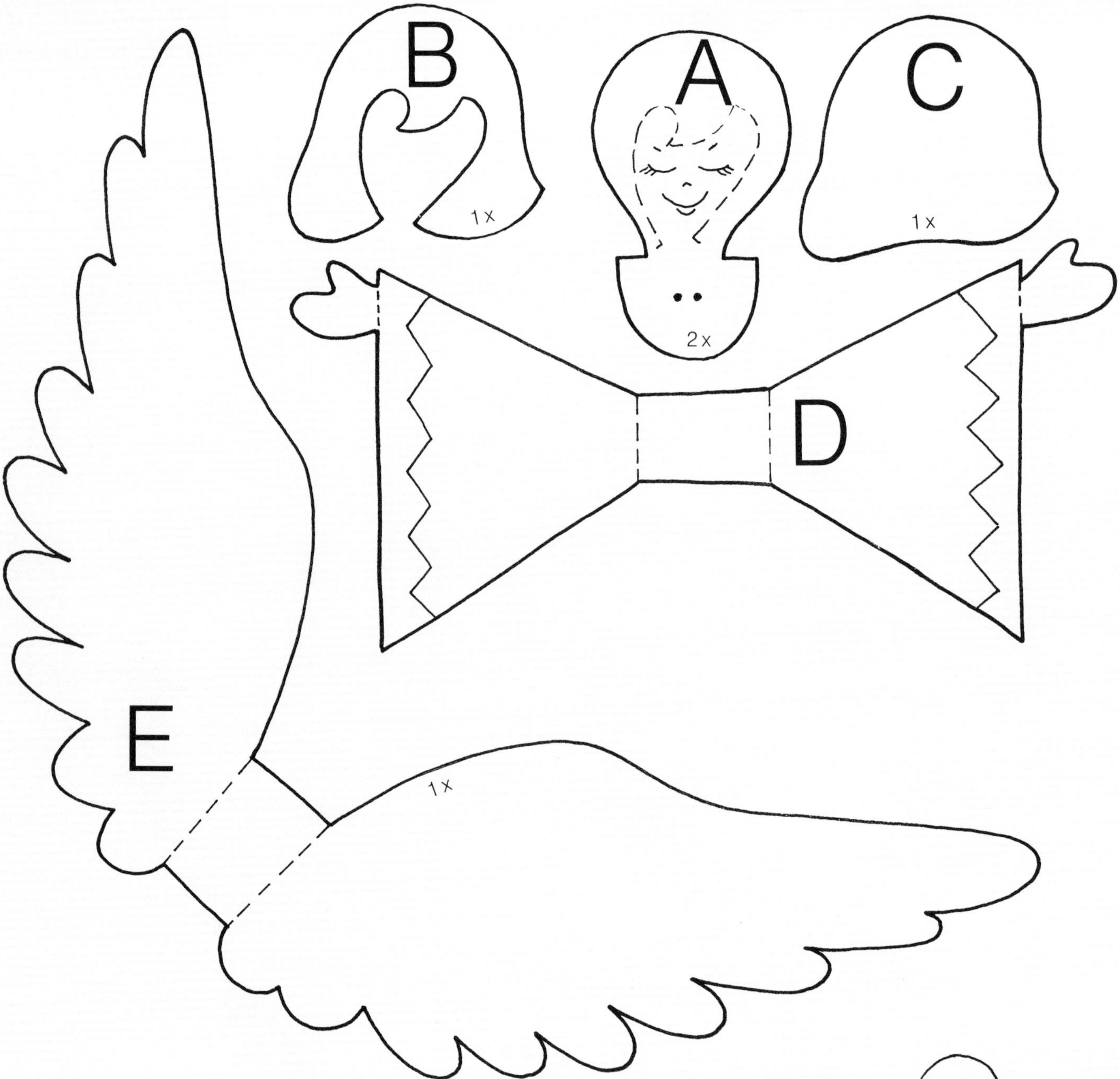
B
1x
A
2x
C
1x
D
E
1x

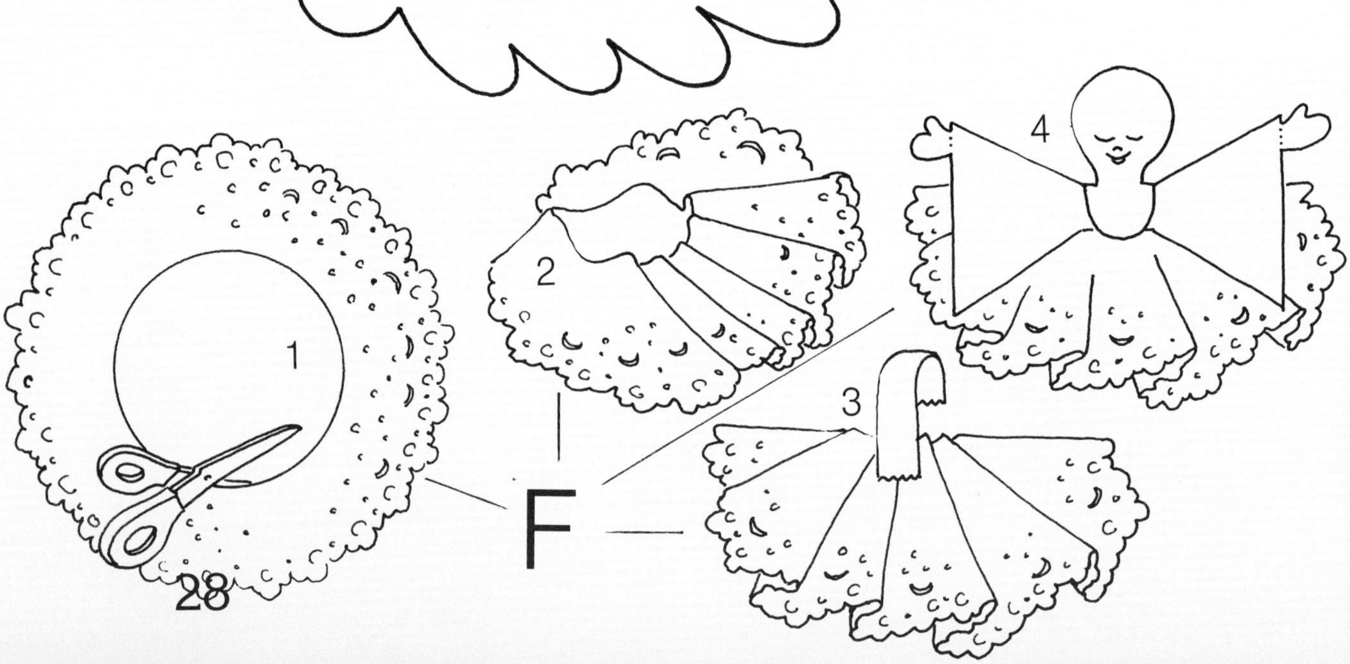
1
2
3
4
F

L
2x
2x
4x
4x
P
1
2
3
4
Q
M
1x
N
1x
O
2x
K
16x
J
3x
G
3x
H
2x

Zugkalender

Material
24 Streichholzschachteln
ca. 15 Weinkorken
Packpapier
Zwirn
1 Papprolle

Zuerst schneiden wir uns vom Packpapier 25 Rechtecke in der Größe von 10cm x 5,3cm aus und wickeln alle Streichholzschachteln damit ein. Die Überlappungsnaht verstecken wir an der Unterseite der Schachteln. Beginnen wir doch einfach mit der Lokomotive. Wir schneiden von einer Papprolle 5,3cm ab und halbieren dieses Stück der Länge nach. Klappen jetzt die Schnittkanten 5mm breit nach innen, überziehen dieses Teil mit dem letzten Papierrechteck und kleben es auf eine bereits überzogene Streichholzschachtel. Von einer Schmalseite kleben wir nun eine weitere Schachtel hochkantig und kantengleich dagegen. Zwei Schornsteine, die wir aus einem Korken mit dem Bastelmesser verkleinert haben, kleben wir zusätzlich auf das Lokomotivenvorderteil. Sechs schmale Räder, die wir von einem unserer gesammelten Korken abschneiden, kleben wir von beiden Seiten an die Seite der unteren Streichholzschachtel. Die kleinen Waggons erhalten alle vier Räder, die wir ebenfalls an den Schachtelseiten ankleben. Zum Schluß verzieren wir die Lokomotive sowie auch die Waggons mit aufgemalten Schnüren und Schleifchen und numerieren alles von 1 bis 24 durch. Mit 22 Zwirnfäden à 10cm lang verbinden wir alle Schachteln. Wir machen jeweils an ein Ende einen Doppelknoten, stechen mit einer Nadel ein Loch in die schmale Seite einer Innenschachtel, fädeln einen Faden von innen her durch und fädeln danach den gleichen Faden in die nächste Inhaltsschachtel von der Außenseite her ein. Dort verknoten wir dann das andere Fadenende, so daß es nicht mehr durchrutschen kann. In dieser Reihenfolge verbinden wir alle Schachteln bis auch der letzte Waggon an dem Kalenderzug hängt. Zum Schluß die Waggons auffüllen.

Ein Adventszug mit 24 Waggons, und jeder davon hält eine Überraschung bereit, z.B.: eine kleine Bootsmannpfeife, eine Patrone für den Füllfederhalter, eine Briefmarke, eine Feder, verschiedene Aufkleber, ein kleines Glücksschweinchen, einen lustigen Knopf, eine Anstecknadel, kleine Applikationen zum Aufbügeln, einen kleinen Vogel, einen Spitzer, einen Radiergummi, Geldstücke, einen Ring, ein Kettchen... Euch fallen sicher noch viele schöne Dinge ein.

Adventsuhr

Die beiden Sternviertel pausen wir zuerst ab, schneiden sie aus, kleben dann die Kanten mit der Strich-Kreuz-Strichlinie Stoß an Stoß zusammen. Wir zeichnen die jetzt entstandene Sternhälfte noch einmal ab, schneiden sie aus und kleben sie mit der Strich-Punkt-Strichlinie wiederum Stoß an Stoß an die erste Sternhälfte und erhalten somit einen kompletten Stern. Diesen übertragen wir nun auf den Karton, schneiden ihn aus und kleben ihn auf unsere Silberfolie, die wir wiederum der Sternform entsprechend zuschneiden. Alle Zahlen abpausen und auf die verschiedenen Tonkartonfarben übertragen und ausschneiden. An sämtlichen Ecken und Enden des Sterns kleben wir nun, die Reihenfolge selbstverständlich einhaltend, die Zahlen auf. Von der Mitte aus ziehen wir Klebstoffspuren zu den jeweiligen Zahlen hin und bestreuen diese mit Glitter. Den Zeiger und das Engelchen pausen wir jetzt ebenfalls ab, übertragen die Formen auf den betreffenden Tonkarton: den Zeiger auf Flieder, den Körper auf Rosé, das Cape und den Ärmel auf Lila, Flügel und Pelzbesatz auf Weiß. Als nächstes stecken wir einen Reißzwecken an der Markierung des Zeigers ein, durchstechen damit auch die Sternmitte und drücken die Spitze mit einem harten Gegenstand zur Seite. Die einzelnen Teile des Engelchens kleben wir, wie in der Vorlage gezeichnet, zusammen und setzen es mit einem Tropfen Klebstoff auf den Zeiger. Zum Schluß wird noch ein Ende des Geschenkbandes hinter dem Stern angeklebt und das andere Ende zur Schlaufe geklebt, und schon kann der Zeiger Tag für Tag eine Zahl weiter vorrücken.

Material

1 Karton, 35cm x 35cm
Tonkarton: Rosé, Hellblau, Flieder, Weiß und Lila
Glitter in Rosé
Metallfolie in Silber
4cm breite Geschenkbandfolie, 55cm lang

Die Vorlagen zur Adventuhr sind auf den Seiten 32 und 33 zu finden:
A Linkes Sternviertel
B Rechtes Sternviertel
C Zeiger
D Engelchen

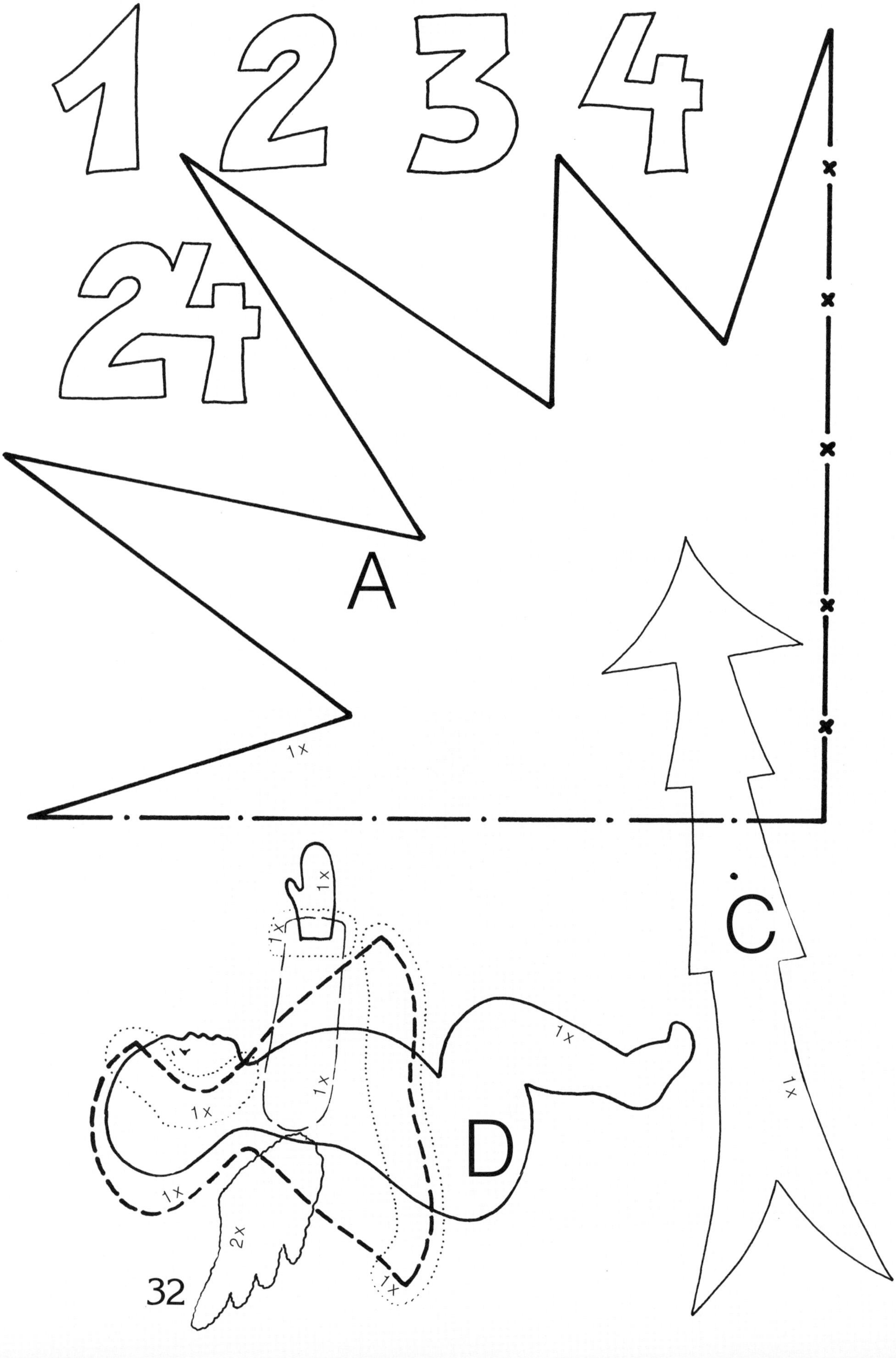
1 2 3 4
24
A
1x
C
1x
D
1x
1x
1x
1x
1x
1x
1x
2x

19
5
6
7
8
20
9
21
22
B
23
10
11
12
13
14
15
16
17
18

Tannenkalender

Material
1 Styroporplatte, 2cm stark, oder kräftiger Karton
Deka-Lackfarben oder Plakafarben
Klettband
Zahnstocher

Zuerst pausen wir die Vorlagen A und B ab, schneiden sie aus und setzen sie Stoß an Stoß entlang der Strich-Kreuz-Strichlinie mit Tesafilm zusammen. Danach zeichnen wir den ganzen Baum noch einmal auf, schneiden ihn wiederum aus und setzen ihn diesmal entlang der Strich-Punkt-Strichlinie zusammen. Den kompletten Tannenbaum übertragen wir nun 2mal auf die Styroporplatte oder den Karton und schneiden mit einem Bastelmesser die Konturen aus. Einen Baum schneiden wir der Länge nach hälftig durch, schrägen beim Styropor die Kanten ab, so daß die Baumhälften im schrägen Winkel nach vorne ragen. In dieser Stellung stecken wir die beiden Baumteile mit Hilfe von Zahnstochern und etwas Bastelleim auf dem kompletten Baum fest; beim Karton knicken wir die Mittelkanten 5mm um und kleben die Teile auf. Als nächstes pausen wir die restlichen Vorlagen ab, übertragen sie auf das Styropor oder den Karton und schneiden sie nacheinander aus; Schneidunterlage nicht vergessen! Jetzt malen wir alle Teile schön bunt an und warten, bis die Farben aufgetrocknet sind. In der Zwischenzeit schneiden wir uns pfenniggroße Klettbandstücke zu und kleben die weichere Hälfte auf die Baumschmuckteile, die rauhere Seite auf den Tannenbaum. Jetzt kann der Baum mit einer Schnur versehen an der Wand aufgehängt werden. Wer den Baum aber aufstellen möchte, bastelt sich noch einen kleinen Behälter. Hierzu benötigen wir folgende Zuschnittmaße: 2 Seitenteile à 14cm x 10cm, Vorder- und Rückwand à 28cm x 10cm und einen Boden mit 32cm x 18cm. Wir stecken und kleben die Teile mit Zahnstocherstükken sowie Bastelleim zusammen. Zum Schluß malen wir diesen Behälter in der gleichen Farbe wie den Tannenbaum an. Ein langes Holzstäbchen (Schaschlikspieß) stecken wir mit einem Ende vom Baumstamm her in den Tannenbaum und das andere Ende stecken wir in die Kantenmitte der Rückwand.

Alle Vorlagen für diesen Tannenbaumkalender sind auf den Seiten 36 und 37 zu finden:
A Tannenbaumhälfte - unteres Teil
B Tannenbaumhälfte - oberes Teil
C Glocke
D Mond
E Kerze
F Zinnsoldat
G Schaukelpferd
H Stern
J Päckchen

Hinweis!

Alle Schmuckteile befinden sich vor dem 1. Dezember innerhalb des Behälters.

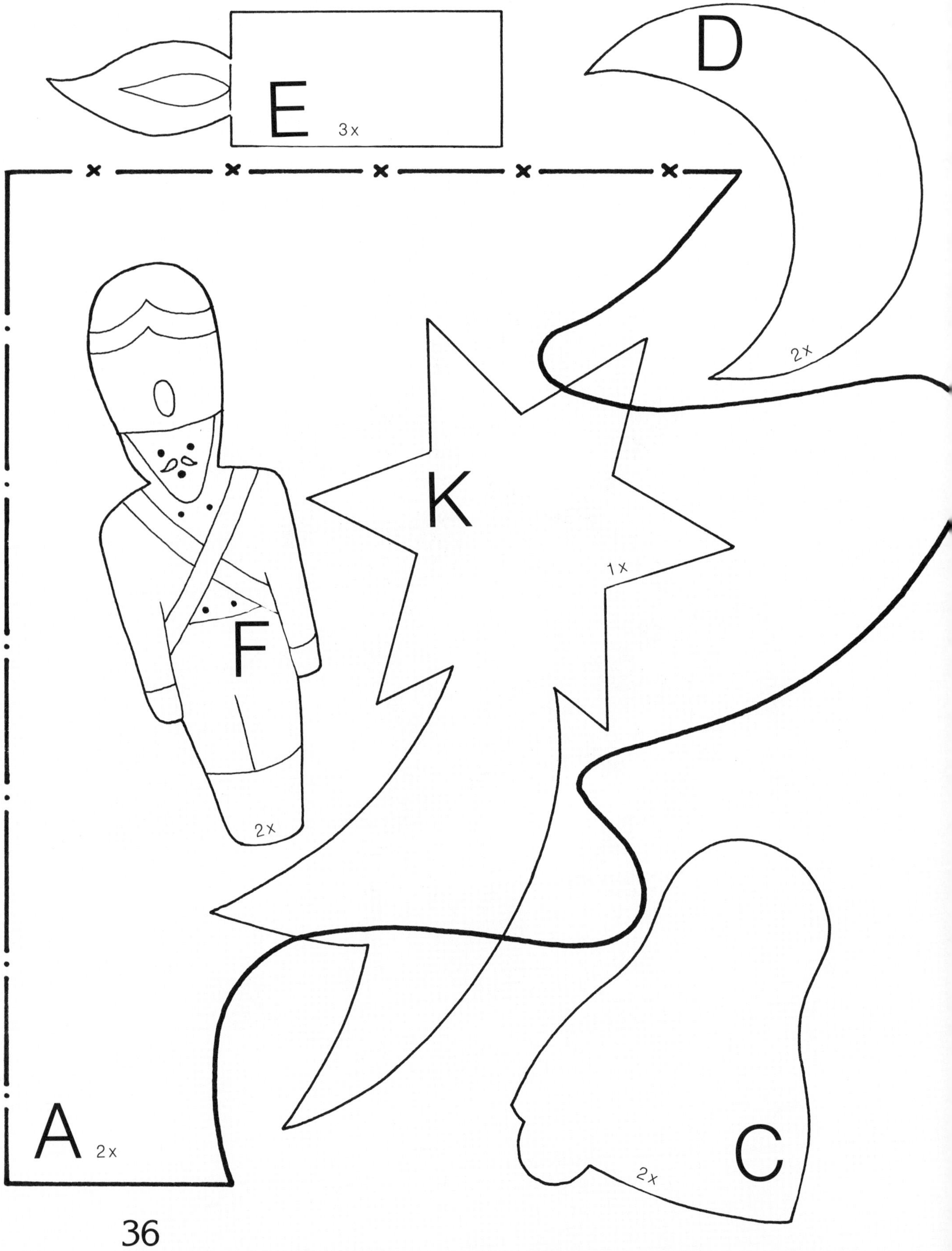
E
3x
D
2x
K
1x
F
2x
A
2x
C
2x

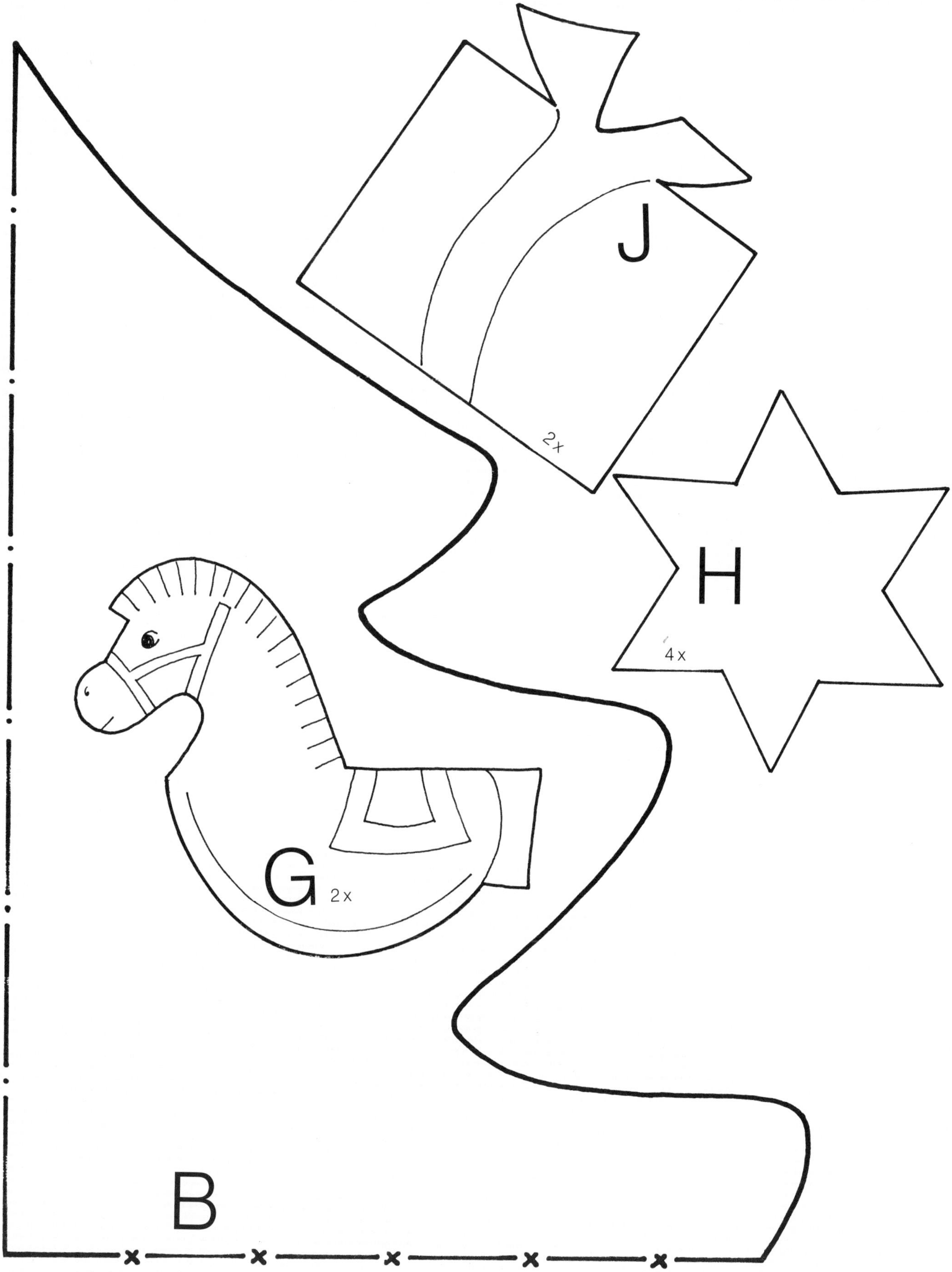
J
2x
H
4x
G
2x
B

Nikolausteller

Material
Sackleinen, ca. 40cm x 40cm
Tonkarton: Rot, Weiß, Beige und Schwarz
Geschenkbänder: Rot, Weiß und Grün
Wäschesteif (z.B.: Perla)

Zuerst fertigen wir den Teller an. Hierfür rühren wir zwei Meßbecher Perla in einem halben Liter Wasser an und weichen unser Sackleinen, das wir kreisförmig zugeschnitten haben, darin ein. Jetzt legen wir das gut getränkte Sackleinen über einen umgestülpten 5-Liter-Eimer, richten die Falten gleichmäßig aus und lassen das Ganze, am besten über Nacht, trocknen. Durch das Wäschesteif bleibt das Sackleinen, das wir am Tage zuvor in Form gebracht haben, hart und steif. Den Rand verzieren wir mit bunten Geschenkbändern, die wir entweder aufkleben oder aufnähen.
Jetzt pausen wir die Vorlagen A,B,C und D ab und übertragen den Körper und die Mütze 2mal auf den roten Tonkarton, Kopf und Hände je 1mal auf den beigen Tonkarton, Pelzbesätze je 2mal sowie Schnurrbart, Bart und hinteres Haarteil je 1mal auf den weißen Tonkarton, die Stiefel auf den schwarzen Tonkarton. Nun kleben wir die Körperteile zusammen und schieben Kopf, Hände und Schuhe an den betreffenden Stellen ein. Die Mütze kleben wir von beiden Seiten auf halber Kopfhöhe gegeneinander und schieben da wiederum einen kleinen weißen Tonkartonbommel an der Spitze sowie das Haarteil hinten ein. Die Pelzbesätze jetzt ebenfalls von beiden Seiten an Arme, Jackensaum und Mütze kleben sowie Schnurrbart und Bart auf das Gesicht kleben. Den Gürtel malen wir mit schwarzem Filzstift auf, ebenso zwei Augen. Die Nase setzen wir aus einem kleinen, runden Tonkartonstück auf.

Gedicht!

Nik'laus, Nik'laus, guter Gast,
hast du mir was mitgebracht.
Hast du was, dann setz dich nieder,
hast du nichts, dann geh nur wieder.

Die Vorlage zum Nikolaus ist auf der Seite 40 zu finden:
A Nikolauskörper
B Bart
C Schnurrbart
D hinteres Haarteil

Nikolausstrümpfe

Für den bunten Nikolausstrumpf halbieren wir den gelben Filz auf 2mal 30cm x 40cm und legen eine Hälfte mit der 30cm breiten Seite vor uns auf den Tisch. Wir schneiden uns anhand der Vorlage E 37 Filzquadrate in mehreren Farbtönen zu und kleben sie von unten beginnend auf das gelbe Filzrechteck. Die Quadratkanten lassen wir dabei 5mm überlappen. Wir kleben alle Reihen von links beginnend zur rechten Seite und bauen die Quadrate wie in Zeichnung F dargestellt auf. Sind alle 37 Quadrate aufgeklebt, runden wir den Rist, die Strumpfspitze sowie auch die Ferse ab und schneiden die nun entstandene Strumpfform aus der zweiten gelben Filzhälfte zu. Jetzt brauchen wir Nadel und Faden, um die äußeren Kanten schließen zu können. Den Bund oben lassen wir selbstverständlich offen, sonst kann St. Nikolaus ja nichts einfüllen. Jetzt kleben wir noch den Aufhänger an die hintere Strumpfnaht. Wer will, kann auch ein paar bunte Filzquadrate auf der gelben Rückseite des Strumpfes kreuz und quer aufkleben.

Für den roten Strumpf pausen wir die Vorlage H ab, stecken sie auf den doppelgelegten, roten Filz und schneiden die Strumpfform aus. Beide Strumpfteile mit Nadel und Faden an den Kanten zusammennähen; dabei den oberen Rand offen lassen. Jetzt schneiden wir von unserer abgepausten Vorlage das obere Teil K ab und schneiden dieses 2mal aus dem weißen Filz zu. An beiden Teilen nun, wie in der Vorlage dargestellt, Fransen einschneiden und diese an der Strumpföffnung von beiden Seiten her ankleben. Den Aufhänger G kleben wir an der hinteren Naht ein. Jetzt noch die Applikationsvorlagen abpausen, aus den betreffenden Filzfarben ausschneiden, und den Tannenzweig entlang den Kanten fransig einschneiden. Zweig, Kerze, schmale Strahlen und die zwei Kugeln aufkleben. Ausgefranste bzw. abgerissene Filzstücke sind Schneeflocken, die wir ebenfalls verteilen. Die andere Seite des Strumpfes verzieren wir mit sternenförmig angeordneten, schmalen Filzstreifen laut Zeichnung J.

Material für den bunten Strumpf
Bastelfilzflecken in verschiedenen Farben
Filz in Gelb, 40cm x 60cm.
Nähgarn

Material für den roten Strumpf
Filz in Rot, 30cm x 50cm
Bastelfilzflecken: Gelb, Grün, Weiß und Blau
Nähgarn

Die Vorlagen und Bastelhilfen zu beiden Strümpfen sind auf den Seiten 40 und 41 zu finden:
E Schnitteil für bunte Strumpfquadrate
F Aufbau bunter Strumpf
G Aufhängerschlaufe
H Roter Strumpf
J Sternenmotiv
K Fransenschnitteil
L Applikation

A
2x
1x
B
1x
C
1x
D
1x

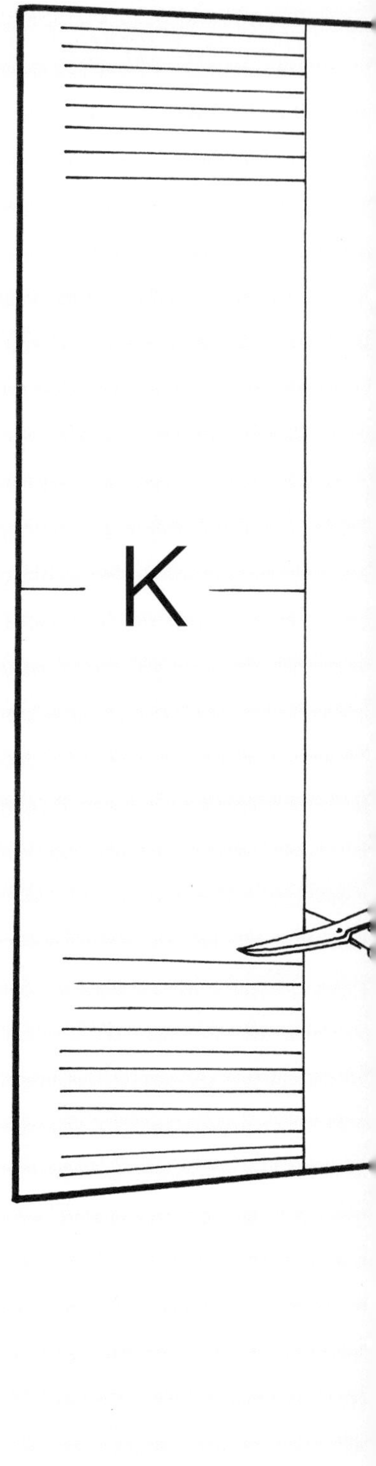

K

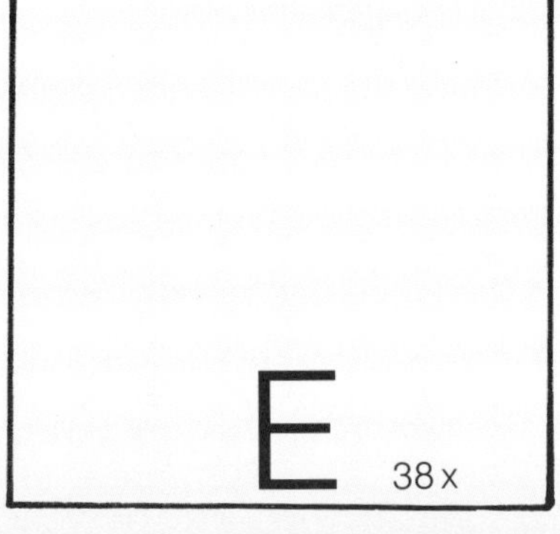

E
38x

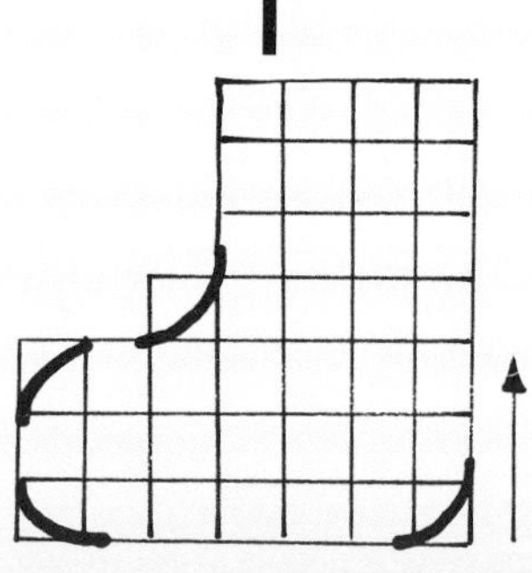

F

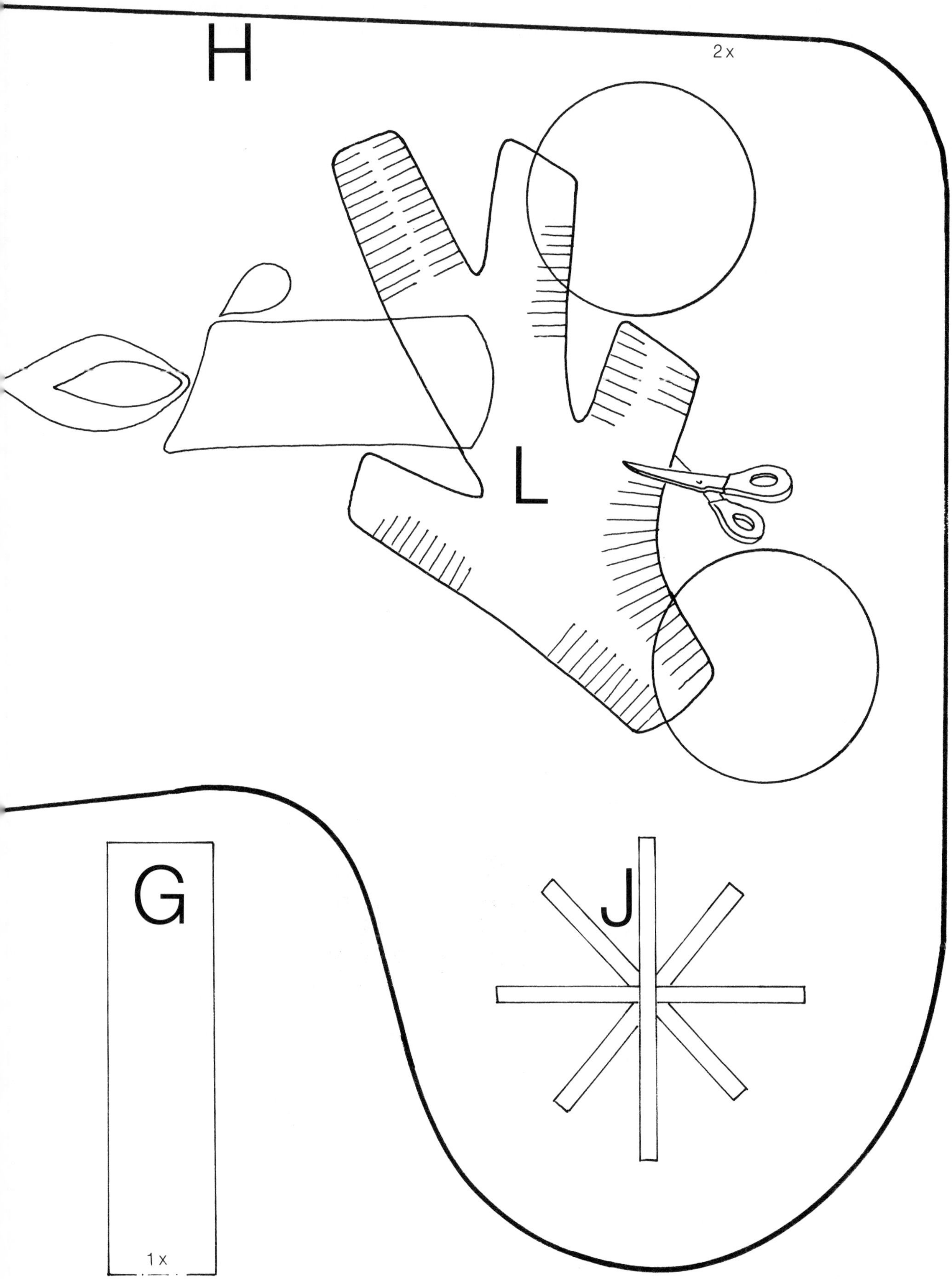
H
2 x
L
G
J
1 x

Nikolauslok

Material
1 Schuhkarton
Tonkarton in Rot
Tonpapier: Rot, Grün, Gelb, Blau, Weiß und Braun
4 kleine, runde Käseschachteln
1 Papprolle
1 Karton (Zeichenblockrückwand)
Engelshaar oder Watte

Beginnen wir mit der Lokomotive: Wir nehmen den Deckel des Schuhkartons, messen von einer schmalen Seite 10cm ab und schneiden ihn in zwei Teile. Jetzt bekleben wir alle Kartonteile mit gelbem, rotem und grünem Tonpapier. Die Papprolle für den Schornstein erhält die Farbe Blau, die Käseschachteln für die Räder die Farbe Gelb und zusätzlich blaue Sterne. Vom Zeichenblockkarton schneiden wir 4mal 6cm breite und 24cm lange Streifen ab, die wir der Länge nach mit dem Bleistift halbieren und entlang dieser Linie mit dem Bastelmesser anritzen. Dann knicken wir diese Streifen winkelförmig ab, malen sie schwarz an und kleben sie mit einem Ende in die Ecken des gelben Daches (größerer Kartondeckel) ein, und das andere Ende befestigen wir im großen Schuhkarton. Den Schornstein kleben wir auf den kürzeren Kartondeckel, den wir locker auf der Lok plazieren. Jetzt kleben wir noch je zwei Räder seitlich am großen Schuhkarton an und lassen mit Hilfe eines Wattebausches oder etwas Engelshaar Dampf aus dem Schornstein steigen. Jetzt pausen wir noch die Nikolausvorlage ab, setzen den losen Arm B mit Tesafilm an die Strich-Punkt-Strichlinie des Körperteils und schneiden den gesamten Körper aus dem roten Tonkarton zu. Alle anderen Vorlagen übertragen wir auf Tonpapier, schneiden sie aus und passen sie von beiden Seiten dem Nikolaus an. Den Gürtel und die Stiefel malen wir mit schwarzem Filzstift oder einer Lackfarbe an.

Mein Tip!

Wenn ihr einen weißen Schuhkarton verwendet, könnt ihr diesen auch mit Wachskreiden bemalen.

Die Vorlagen zum Nikolaus sind auf der Seite 44 zu finden:
A Nikolauskörper
B Arm
C Kopf
D hinteres Haarteil
E Vorderes Haarteil mit Bart
F Schnurrbart
G Mütze

Nikolausstiefel

Zuerst pausen wir die Vorlagen A,B und C ab und übertragen die seitliche Stiefelform 2mal auf den roten Tonkarton und schneiden die Teile aus. Jetzt zeichnen wir mit Blick auf die Zeichnung D die Vorderwand, den Boden und die Rückwand des Stiefels auf den roten Tonkarton, schneiden das Rechteck aus und knicken die seitlichen Kanten 1cm um und die Wände entsprechend der langgestrichelten Linie hoch. Nun legen wir die Sternvorlage pro Seite 3mal auf die seitlichen Stiefelteile, den Kometen je 1mal auf Vorder- und Rückwand und schneiden alles aus. Die freien Stellen bekleben wir mit unserem farbigen Transparentpapier und setzen dann die einzelnen Stiefelteile zusammen, d.h., die Seitenteile an die umgeknickten Kanten von Vorderwand, Rückwand und Boden. Einen Wattestrang umwickeln wir locker mit einem weißen Faden und kleben diesen wulstähnlichen Pelzbesatz an der Oberkante des Stiefels an. Gelbe Sterne und Kometen verteilen wir noch an Ferse sowie am vorderen Stiefelteil, und fertig ist unser Nikolausschuh, den wir dann am Abend des 5. Dezembers vor die Tür stellen können.

Material

Tonkarton: Rot und Gelb
Transparentpapier: Blau, Gelb und Grün
Watte
Nähgarn in Weiß

Die Stiefelvorlage und eine betreffende Zuschnitthilfe sind auf der Seite 45 zu finden:
A seitliche Stiefelform
B Stern
C Komet
D vordere und hintere Stiefelwand mit zwischenliegendem Boden

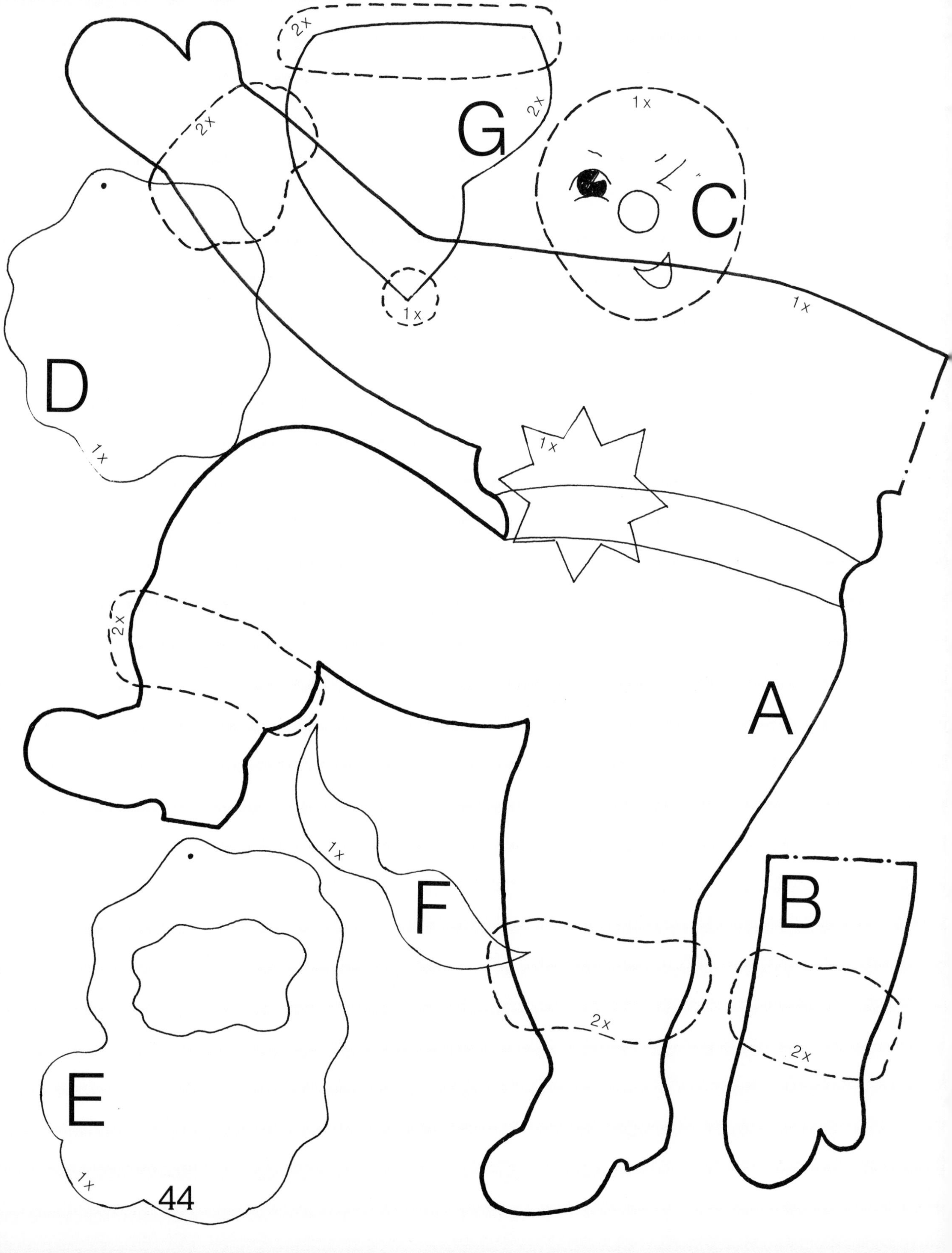

2x
G
2x
1x
2x
C
1x
1x
D
1x
1x
2x
A
1x
F
B
2x
2x
E
1x

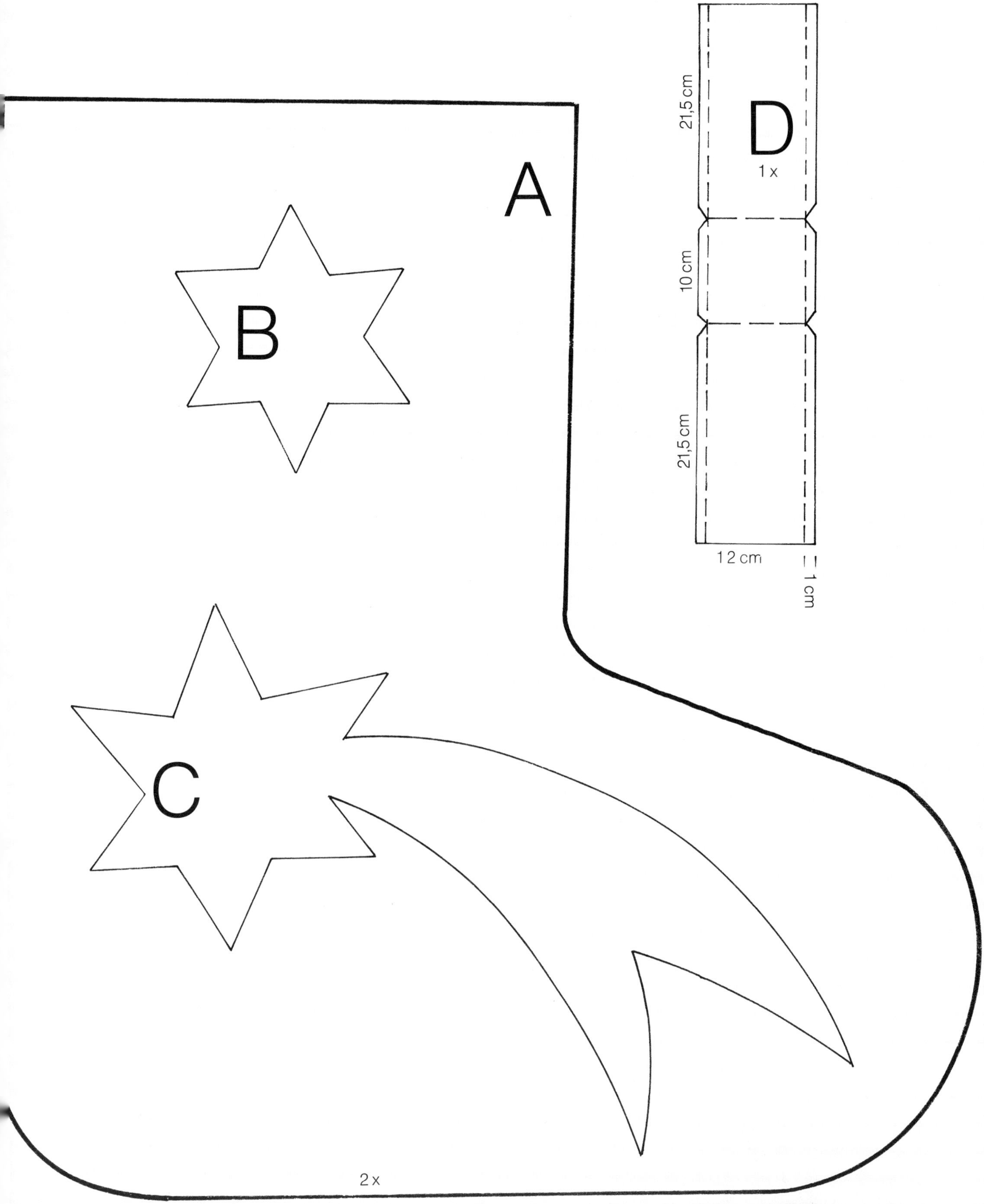
A
B
C
D
1 x
21,5 cm
10 cm
21,5 cm
12 cm
1 cm
2 x

Adventskränze und Gestecke

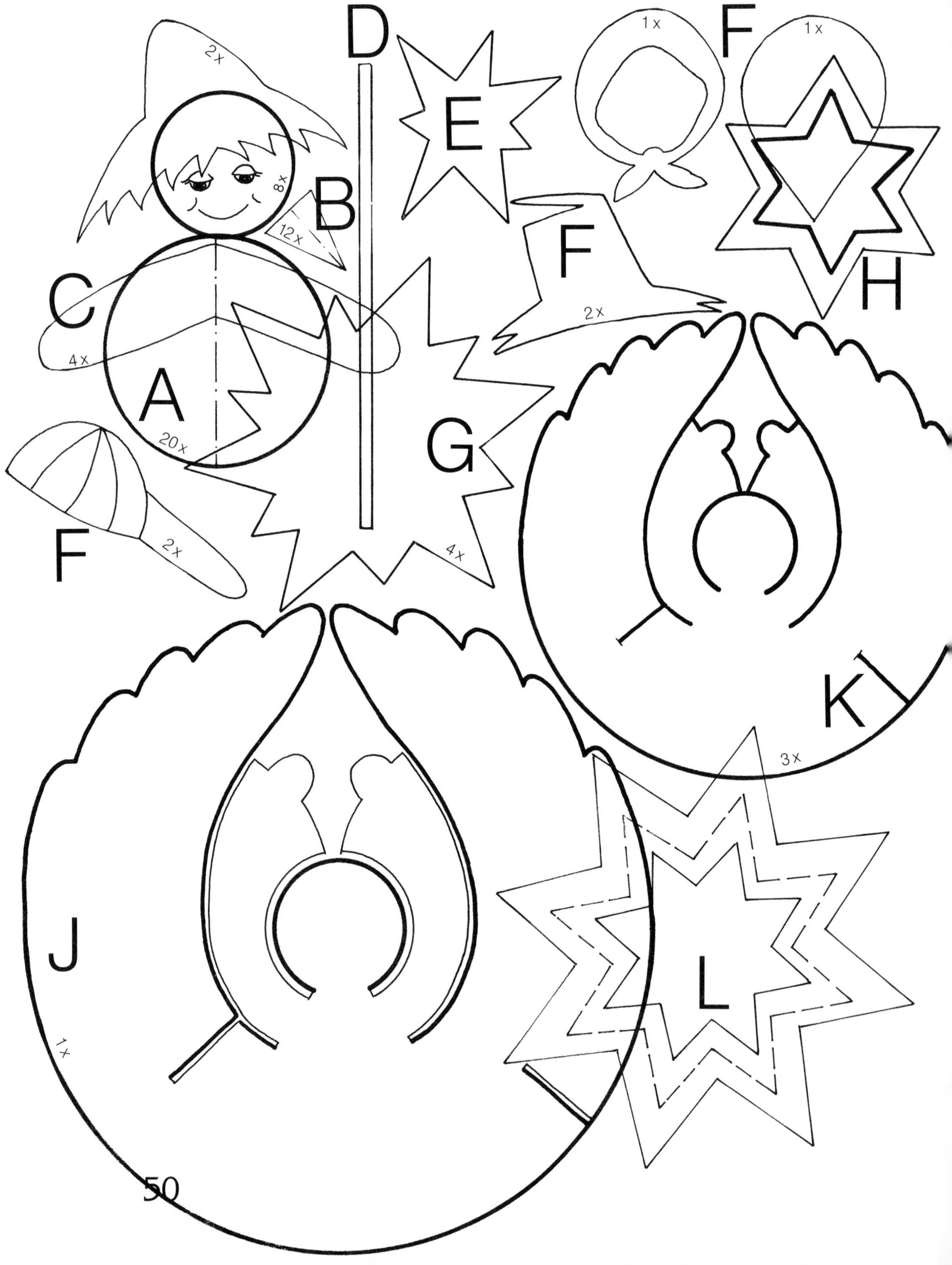
A
20x
B
12x
C
4x
D
E
F
2x
8x
F
1x
F
2x
F
1x
G
4x
H
J
1x
K
3x
L

Folienkranz

Zuerst verzieren wir den Holzring mit der Folie, so daß er die Stärke eines Fingers bekommt. Danach schneiden wir von der Geschenkkordel acht 65cm lange Teile ab und binden diese jeweils mit einem Doppelknoten sowie einer Schleife mit Doppelknoten in gleichmäßigen Abständen an den Ring. Wir führen dann alle losen Enden oberhalb des Rings zusammen und verknoten sie dort. Jetzt hängen wir den Kranz auf, klipsen die Kerzenhalter an und fertigen die Schmuckmotive. Zuerst die Teile abpausen, auf die Metallfolien übertragen und ausschneiden. Wie bei der großen Engelsvorlage deutlich ersichtlich, schneiden wir entlang der Doppellinie die Engelsform ein, legen die Arme nach vorne, die Flügel leicht nach hinten, führen das Rockteil zu einem Ring zusammen und stecken das Ganze an den beiden kurzen Einschnitten ineinander. Die gleiche Arbeitsweise gilt beim kleinen Engel. Die verschiedenen Sterngrößen mit den Engeln an dünnen Fäden hängend am Ring befestigen. Jetzt noch die Kerzen aufstecken und fertig ist unser glänzender Adventleuchter.

Mein Tip!

Umwickelt den fertigen Kranz mit einem Efeutrieb und ihr erhaltet einen wunderbaren Adventsschmuck.

Material
1 Holzreif
Folie
Kerzenhalterklipse in Silber
Geschenkkordel in Silber
2farbige Metallfolie: Rot, Blau, Flieder und Lila mit jeweils goldener Rückseite
Silberfolie
Baumkerzen in Silber

Die Vorlagen zu den Folienmotiven sind auf nebenstehender Seite zu finden:
J großer Folienengel
K kleiner Folienengel
L drei verschiedene Sterngrößen

Bunter Strohkranz

Material
1 Strohkranz
Geschenkbänder: Rot, Grün und Weiß
4 Kerzenuntersetzer zum Aufstecken in Weiß
4 Kerzen in Rot
Tonkarton: Weiß und Grün
1 Tüte Bonbons
1 Packung kleine Schokoladetäfelchen
Zwirn

Die Vorlagen zum Strohkranz sind auf der Seite 56 zu finden:
A Stern
B Tannenbaum

Den Strohkranz umwickeln wir mehrmals mit den roten, grünen und weißen Geschenkbändern. Für die Aufhängung schneiden wir vom grünen und weißen Band jeweils 1,50m ab, knoten jeweils ein Ende am Strohkranz in gleichmäßigen Abständen zueinander an, führen die Bänder oberhalb des Kranzes zusammen und verknoten sie dort wiederum mit einem 50cm langen, roten Geschenkband. Danach pausen wir die Vorlagen ab, schneiden den Stern mehrmals aus weißem, den Tannenbaum aus dem grünen Tonkarton zu. Um die Schokoladentäfelchen binden wir einen Zwirn und hängen sie auf. Aus den Bonbons bilden wir ebenfalls mit Hilfe eines Zwirns eine lange Kette, die wir in der Mitte des Kranzes von der Aufhängung her anbringen. Sterne und Tannenbäume dazuhängen und die Kerzenuntersetzer mit den Kerzen aufstecken.

Gedicht!

**Advent, Advent, ein Lichtlein brennt.
Erst eins, dann zwei, dann drei, dann vier,
dann steht das Christkind vor der Tür...**

**...und wenn das fünfte Lichtlein brennt,
hast du Weihnachten verpennt.**

Mooskranz

Das Moos legen wir vorsichtig um den Strohkranz und binden es mit einem Draht ganz vorsichtig fest. Jetzt schneiden wir uns 4mal 1m lange Schnüre zu und binden ca. 50cm davon am Mooskranz fest, so daß wir über einem Schleifenknoten noch einen weiteren Sicherungsknoten machen können. Die losen Schnurenden führen wir oberhalb des Kranzes zusammen und verknoten sie dort miteinander. Jetzt hängen wir den Kranz auf, schneiden eine ca. 3m lange Schnur ab und fädeln abwechselnd jeweils zwei Holzoliven und eine Holzkugel auf, die wir mit Doppelknoten rutschfest machen. Der Abstand selbst beträgt dann noch 11cm. Sind alle Holzteile aufgefädelt, hängen wir die Kette auf, sodaß sich immer zwei Holzoliven gegenüberliegen, die Holzkugeln aber nach unten fallen. Die Teelichter aus den Blechhüllen nehmen, die Nägel in deren Mitte durchstoßen und zusammen auf den Kranz stecken; das Wachs mit dem Docht wieder einsetzen. Jetzt stecken wir noch zweifach verdrehte Drahtstücke in die Walnüsse und verteilen auch diese durch Einstecken auf dem Kranz. Strohsterne, natürlich selbstgebastelt, runden den naturfarbigen Adventskranz ab.

Material
1 Strohkranz
Waldmoos
Paketschnur
8 Holzoliven
4 Holzkugeln
Walnüsse
4 Teelichter
Strohsterne
Draht
4 Nägel

Ein Adventskranz wie aus der Natur. Holt euch das Moos möglichst vor dem ersten Schnee und laßt es ausgebreitet auf einem Zeitungspapier trocknen.

Blumentopfgesteck

Material
1 Tontopf, 10cm hoch
1/4 Steckschwamm
Kreppapier: Grün, Weiß und Rot
2 goldene Walnüsse
1 Styroporkugel
Geschenkbänder: Rot und Grün
1 Päckchen von Seite 101
1 Zylinder (Überbleibsel vom Schokoladenschornsteinfeger)
Stoffstreifen
Holzstäbe (Schaschlikspieße)
Metallfolie in Rot
Tonpapier: Schwarz und Orange
Watte

Die Bastelhilfen zu diesem Topfgesteck sind auf der Seite 56 zu finden:
A Arbeitsschritte zum Metallstern
D Arbeitsschritte zum Schneemann
E Nase des Schneemanns

Wir stecken den Schwamm in den Topf, stellen diesen auf ein 50cm x 50cm großes, grünes Kreppapier, schlagen die Ecken nach oben und binden das Papier knapp oberhalb des Topfes mit einem Stoffstreifen zusammen. Die goldenen Nüsse und das Päckchen stecken wir auf Holzstäbe, bringen beides in der Topfmitte unter. Die Styroporkugel stecken wir ebenfalls auf, malen sie rot an, und während die Farbe antrocknet, fertigen wir den Metallstern an. Hierzu schneiden wir einen 3,5cm breiten und 50cm langen Metallstreifen zu und falten ihn ähnlich einer Ziehharmonika. Die Zeichnung C auf Seite 56 zeigt euch auch die folgenden Arbeitsschritte. Ein Dreieck aus einer Kantenfront herausschneiden und ein Ende zu einer Spitze schneiden. Das andere Ende mit einem reißfesten Faden zusammenbinden und die Folie fächerartig auseinanderklappen. Die losen Seiten kleben wir an einen Holzstab und einen weiteren Metallstern halbgeöffnet auf die rote Kugel; ebenfalls in der Topfmitte unterbringen. Für den Schneemann halten wir uns an Zeichnung D. Wir umwickeln einen faustgroßen Wattebausch mit einem 40cm x 40cm großen, weißen Kreppapier, binden dieses zusammen und setzen erneut einen Wattebausch hinein und verschnüren auch dieses Teil. Überschüssiges Kreppapier schneiden wir ab und verzieren das Ganze mit den Accessoires.

Kommt ein Schiff...

Wir schneiden uns das Kistchenholz zu, so daß wir ein Brettchen in der Größe von 13cm x 18cm erhalten. Darauf leimen wir 18-22cm lange Schilfröhrchen und warten, bis das Ganze trocken ist. An einem 35cm langen Schilfrohr befestigen wir mit Zwirn und Leim ein 19cm x 13cm großes, verschobenes Dreieck aus der Kokosmatte oder dem Sackleinen. An der Spitze des Schilfrohrs kleben wir die aus roter Metallfolie ausgeschnittene Fahne an und setzen den kompletten Mast mit Hilfe einer Knetmasse auf die Floßmitte. Mit einer goldenen Schnur befestigen wir das Ganze von der Mastspitze beginnend an zwei Schilfröhrchen am Floß. Dem Zapfen zwicken wir die Spitze heraus, kleben eine Walnuß als Kopf auf und zwei Schilfarme etwas weiter unten hinein; trocknen lassen. Die Mütze aus rotem Kreppapier polstern wir mit etwas Vlies oder Watte aus, kleben sie auf den Walnußkopf und kleben einen schmalen Vliesstreifen als Pelzbesatz darüber. Einen Bart kleben wir ebenfalls auf. Ein Kreppapiermäntelchen und ein aufgemaltes Gesicht vervollständigen unser Weihnachtsmännchen. Mit Hilfe von etwas Knetmasse setzen wir es nun auf das Floß. Kerzenhalter, Päckchen und Walnüsse auf dem Floß verteilen und aufkleben. Jetzt setzen wir noch eine Kerze ein, verschönern das Floß noch mit etwas Moos und schon kann der weihnachtliche Törn beginnen.

Material
Schilfrohr
Kistchenholz
1 mittelgroßer Tannenzapfen
Walnüsse
Kreppapier in Rot
Knetmasse
Vlies oder Filz in Weiß
2 Päckchen von Seite 101
2farbige Metallfolie in Rot mit goldener Rückseite
Geschenkschnur in Gold
Sackleinen oder Kokosmatte
Moos
1 Kerzenhalter für Baumkerzen

Die Bastelvorlagen zum weihnachtlichen Floß sind auf der Seite 57 zu finden:
A Mütze
B Stern
C Fahne
Entlang den gestrichelten Kanten Klebstoff auftragen!

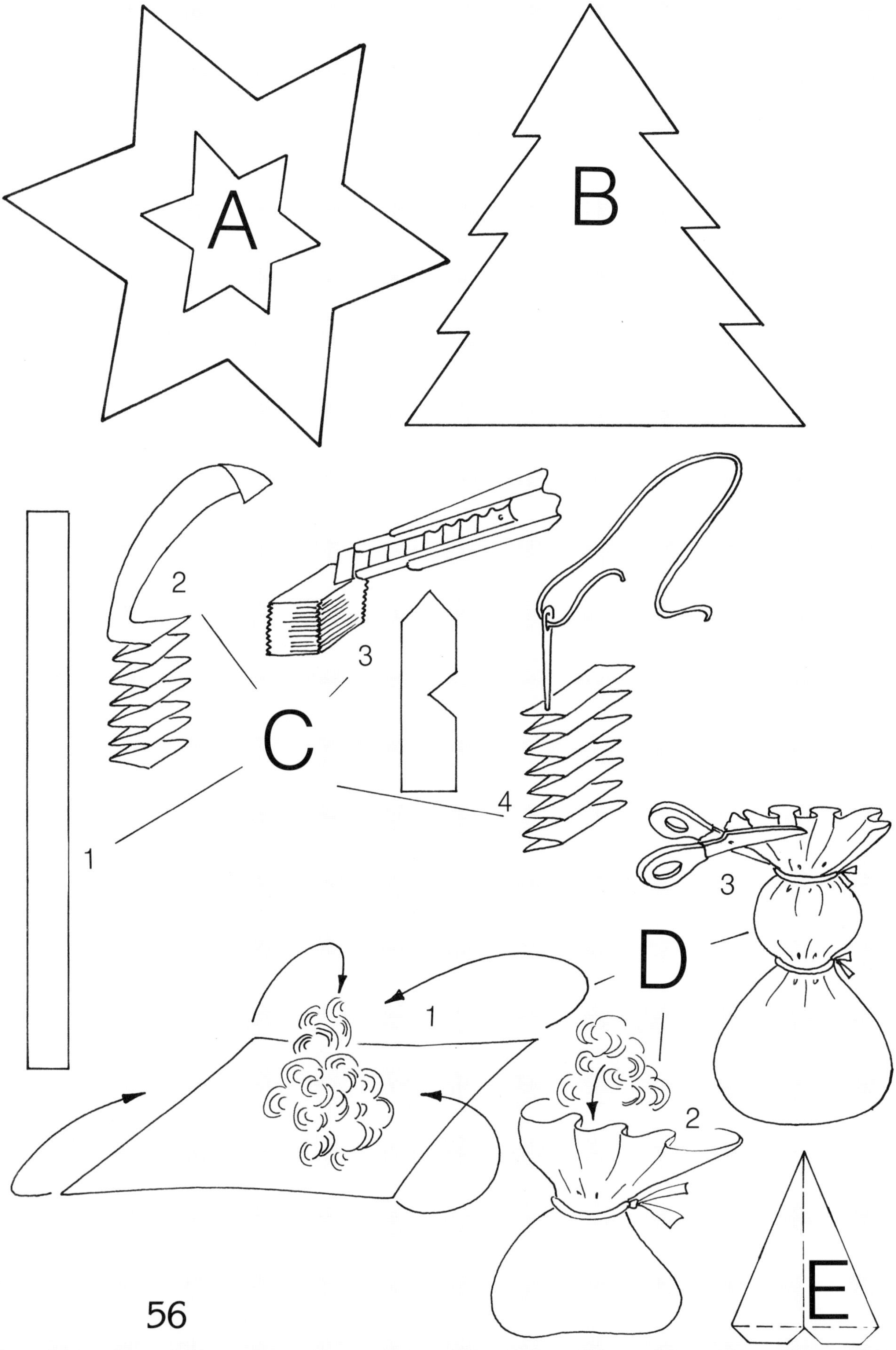
A
B
C
1
2
3
4
D
1
2
3
E

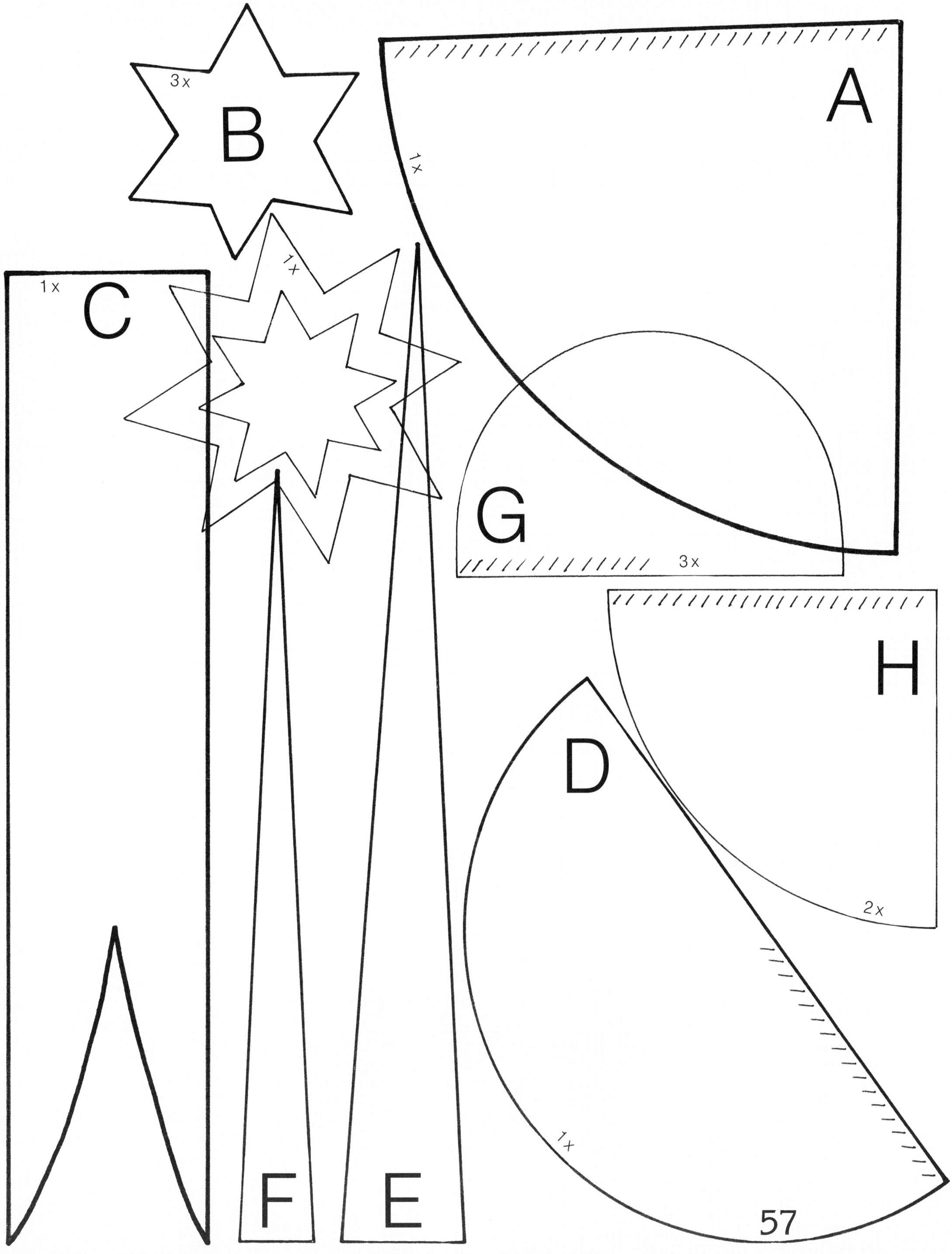
A
1x
B
3x
C
1x
1x
G
3x
H
2x
D
1x
F
E

Walnußbäumchen

Material
Rinde
1 Zweig
Knetmasse
Geschenkband: Gold und Rot
Walnüsse
Draht
Glöckchen
Zwirn
Blätter in Gold
Kerzenhalter für Baumkerzen
Dekorationsfigürchen

Zuerst setzen und kleben wir unsere Rindenstücke kreuz und quer übereinander. Ihr könnt auch ein Holzbrettchen als Unterlage benützen. Versucht die Rinden stufenförmig von vorne nach hinten aufzubauen. Wir lassen dann hinten einen kleinen Spalt offen, den wir mit Knetmasse füllen und den Zweig darin befestigen. Mit Rindenabfällen stopfen wir dann das Loch zu. Wir formen kleine Drahtösen und stechen sie in die Walnüsse hinein. Verzieren sie jeweils mit einem Schleifchen und hängen sie am Baum auf. Auch die Glöckchen verteilen wir in den Zweigen. Mit goldenen Blättern geschmückt zeigt es sich nun von seiner prachtvollen Seite. Zum Schluß kleben wir noch die Kerzenhalter auf, achten aber darauf, daß die Flammen später nicht den Baumschmuck berühren. Jetzt verteilen wir noch etwas Moos und setzen weihnachtliche Figürchen auf den Rindenberg.
Wer will kann an Stelle der Walnüsse auch Süßigkeiten aufhängen. Eine ebenso hübsche Idee ist es wenn ihr kleine Vögel auf die einzelnen Äste setzt.
Die goldenen Blattformen könnt ihr entweder in eurem Bastelgeschäft besorgen oder aber selbst aus Metallfolie anfertigen; hierzu verwendet ihr am besten die Blattvorlage der Zeichnung O auf Seite 67.

Ihr wollt dieses Jahr euren eigenen Weihnachtsschmuck? Dann bastelt doch einfach dieses hübsche Nußbäumchen. Übrigens, wenn ihr das Bäumchen etwas anschubst, dann klingelt es und kündigt das Weihnachtsfest an.

Gedicht!

Denkt euch – ich habe das Christkind gesehn!
Es kam aus dem Walde, das Mützchen voll Schnee, mit gefrorenem Näschen.
Die kleinen Hände taten ihm weh;
denn es trug einen Sack, der war gar schwer,
schleppte und polterte hinter ihm her – was drin war, möchtet ihr wissen?
Ihr Naseweise, ihr Schelmenpack – meint ihr, er wäre offen, der Sack?
Zugebunden bis oben hin!
Doch war gewiß was Schönes drin:
Es roch so nach Äpfeln und Nüssen!

Anna Ritter

Tanne mit Zwergen

Wir befestigen das Steckmoos und das grüne Moos auf dem Kistchenholz mit Leim und beschweren das Ganze bis es aufgetrocknet ist. In der Zwischenzeit bohren wir mit einem spitzen Gegenstand in 5 Kastanien je 2 Löcher für Arme und Beine sowie je 1 Loch für den Hals. Zahnstocherstücke in diese Stellen einkleben und 5 weitere Kastanien als Köpfe aufsetzen. Jetzt pausen wir die Mütze und den Hut ab, schneiden diese aus den bunten Filzflicken zu und kleben sie entlang der gestrichelten Kante zusammen. Ein farblich passender, schmaler Filzstreifen wird als Schal um den Hals der Zwerge gelegt. Lachende Gesichter aufmalen und die kleinen Waldbewohner im Halbkreis auf dem Moos verteilen. Die Kerze mit Untersetzer in die Mitte stellen. Jetzt schneiden wir uns nach Vorlage E und F grüne Tonkartondreiecke zu und ziehen diese nacheinander über die Tischkante; so erhalten sie ihre geschwungene Form. Mit den größeren Dreiecken beginnen wir nun, die Papprolle von unten her bis zur Mitte zu bekleben und machen dann mit den kleineren Dreiecken weiter. Die Tannenbaumspitze D rollen wir zur betreffenden Form zusammen und kleben sie auf die Papprolle. Letztere wiederum kleben wir auf das Kistchenbrett. Die kleinen Sternchen und den großen Stern schneiden wir aus der goldfarbigen Folie aus und verteilen sie mit den Watteflocken über den ganzen Baum.

Adventslied!

Laßt uns froh und munter sein
und uns in dem Herrn erfreun.
Lustig, lustig, traleralera,
bald ist Nikolausabend da,
bald ist Nikolausabend da.

Material

Holzbrettchen, 17cm x 35cm aus Kistchenholz
1 lange Papprolle
Tonkarton in Grün
Metallfolie in Gold
Watte
Steckmoos, 15cm x 17cm, 2cm hoch
Kastanien
Holzstäbchen (Zahnstocher)
Filz: Blau, Grün, Gelb, Rot und Violett
1 Blumentopfuntersetzer, ⌀ 7cm
1 flache Kerze
Moos

Die Bastelvorlage für dieses fröhliche weihnachtliche Treiben sind auf der Seite 57 zu finden:
D Spitze des Tannenbaums
E Großes und...
F ...kleines Zuschnittteil für das Tannenkleid
G Hut
H Mütze
Entlang den gestrichelten Kanten Klebstoff auftragen.

Tischdekoration und Fensterschmuck

Zapfenmusikanten

Diese drei Musikanten sind leicht anzufertigen. Für einen guten Stand sorgen die Holzringe, auf die wir jeweils einen Zapfen leimen. Die Holzkugeln, die den Kopf darstellen, können entweder mit einem Loch versehen aufgesteckt werden, oder aber wir zwicken die Spitze der Zapfen heraus und leimen die Holzkugeln in die oberste Schuppenreihe hinein. Die kleineren Zapfen, die die Arme darstellen, werden am stumpfen Ende mit kleineren Holzkugeln versehen; dabei leimen wir beim großen Musikanten die Holzoliven auf. Wir warten immer, bis alle Teile fest aneinanderkleben, d.h., bis der weiße, flüssige Leim fest und transparent wird. Die Arme verkanten wir nun in der oberen Hälfte der großen Zapfen und geben auch dort ein paar Tropfen Leim dazu. Ein paar Marabufedern als Rock ringsum in die Zapfenschuppen hineinkleben und jeweils eine Feder als Haarschmuck aufkleben. Der große Musikant erhält eine mützenähnliche Kopfbedekkung, einen trockenen Fruchtstand, den ihr in eurem Bastelgeschäft findet. Jetzt kleben wir den Musikanten noch goldfarbigen Metallschmuck an: 1 Stern für den großen Musikanten, je einen Heiligenschein für die beiden Zapfenengelchen. Folienröllchen ergeben die Trommelstöcke und den Triangel sowie dessen Stab. Die Gitarre basteln wir aus dem abgezwickten Ende eines kleineren Zapfens, an dem wir ebenfalls ein Folienröllchen als Gitarrenhals befestigen. Die Trommel wurde von einer Papprolle abgeschnitten, mit Butterbrotpapier überspannt und die Seite mit der Metallfolie abgeklebt.

Material
3 Zapfen in verschiedenen Größen
3 Holzkugeln für die Köpfe
5 kleinere Zapfen für die Arme und die Gitarre
2 kleine Holzkugeln und
2 kleine Holzoliven für die Hände
1 Fruchtstand für die Kopfbedeckung (Bastelgeschäft)
Metallfolie in Gold
Marabufedern
3 Holzringe

Zapfenmobile

Im Herbst finden wir die schönsten Zapfen für unsere Bastelarbeiten. Wir lassen sie gut trocknen, so daß sich die einzelnen Schuppen noch etwas öffnen. Jetzt brauchen wir noch drei Haselnußstecken, die wir auf 30cm Länge zuschneiden, sternförmig übereinanderlegen und in der Mitte mit einem Zwirn zusammenbinden; die Stecken dabei abwechselnd umwickeln. Einen längeren Zwirnfaden als Aufhängung anknoten und ein Moospolster in der Sternmitte aufkleben. Das Zapfenweiblein basteln wir aus dem großen Zapfen, der als Körper dient, und dem mittelgroßen Zapfen, den wir mit dem flachen Ende nach vorne zeigend aufleimen, der den Kopf darstellt. Das Gesicht kleben wir aus Papier auf. Haare aus Moos auflegen und mit einem roten dreieckigen Kopftuch aus Filz festkleben.
Für die Schürze schneiden wir uns ein Rechteck aus grünem Filz zu, runden die Ecken ab und kleben sie mit einem schmalen Filzstreifen als Bindeband am Zapfenkörper fest. Zwei kurze Haselnußstecken dienen uns als Arme, die wir in den oberen Schuppenreihen des Körpers befestigen. Jetzt kleben wir noch die Schuhe aus roten Filzovalen an die Zapfenunterseite und hängen das Weiblein mit den kleinen Zapfen an den Haselnußstern.

Mein Tip!

Kopftuch und Mooshaare mit Gummiringen am Kopf zusammenhalten, bis der Bastelleim trocken ist.

Material
Kleine Zapfen
1 mittelgroßer Zapfen
1 großer Zapfen
Moos
Haselnußstecken
Zwirn
Filz: Rot und Grün

Adventskerzen

Material
Verzierwachs-Set
Verzierwachs, 2mm breit, goldfarbig
2 Kerzen in Rot: 1 x 11cm hoch, ⌀ 6cm
1 x 16cm hoch, ⌀ 6cm
2 Tafelkerzen in Rot
Schleifenbänder

Wir pausen zuerst die Vorlagen für die Schneemannszene ab, schneiden diese aus und legen sie nacheinander auf das Verzierungswachs: den Schneemann (Kopf, Bauch und Arme), den Tannenbaum und die Wolken auf Weiß; den Hut auf Blau; den Stock auf Grün und den Stern auf Gold. Mit einem Bastelmesser lassen sich die Wachsplättchen ganz leicht schneiden. Wir drücken nun zuerst den Tannenbaum auf die 11cm große Kerze und setzen an dessen Spitze einen goldfarbigen Stern. Den Bauch, den Kopf und die Arme des Schneemanns in der gleichen Reihenfolge andrücken. Den blauen Hut und den grünen Stock setzen wir einfach darüber. Die Augen und die Knöpfe bestehen aus kleinen, schwarzen Wachskügelchen, die wir an den betreffenden Stellen aufdrücken. Die orangefarbige Nase hat eine spitze Dreiecksform, deren Länge ihr selbst bestimmen könnt. Jetzt verteilen wir noch die Wolken und schneiden uns mehrere 8mm x 8mm große, weiße Wachsquadrate aus, die wir zu Kügelchen formen und als Schneeflocken auf der ganzen Kerze gleichmäßig verteilen.
Die 16cm lange Kerze hat als Blickfang ein Jesuskind aus Wachs, das ihr in eurem Bastelgeschäft in verschiedenen Größen findet. Die oberen und unteren Zierringe schneiden wir aus den 2mm breiten Zierstreifen zu, setzen sie auf und verschönern das Ganze noch mit einem Stern. Das Jesuskind vorsichtig in der Kerzenmitte aufdrücken
Die Vorlage der brennenden Kerze mehrmals aus dem Wachs ausschneiden und um die Tafelkerze herum verteilen. Die Sterne der anderen Tafelkerze werden aus jeweils drei 1,5cm langen, 2-3mm breiten Wachsstreifen aufgedrückt.

Die Vorlagen zu den Kerzenmotiven sind auf Seite 66 zu finden: A Schneemannszene sowie Vorlage brennende Kerze sowie Vorlage Stern

Streichholzhüter

Beginnen wir mit dem Sternsinger und schneiden uns aus dem beigen Kreppapier zwei Rechtecke in der Größe von 30cm x 15cm und 20cm x 15cm zu. Das Größere rollen wir ein, schlagen die Enden ca. 5cm zurück und befestigen sie mit einem Tesastreifen; Zeichnung B. Die Arme kleben wir an der Flasche fest. Jetzt schneiden wir die Spitze des Styroporeis schräg ab, höhlen das andere Ende in der Größe des Flaschenhalses aus und umwickeln es mit dem zweiten beigefarbigen Rechteck. Den Steckmooskegel umwickeln wir mit Metallfolie und schneiden aus letzterem auch gleich zwei Sterne zu. Einen davon kleben wir auf die Kopffläche und darüber wiederum den Kegel. Das Gesicht aufmalen. Für den blauen Mantel schneiden wir ein Rechteck in der Größe von 15cm x 70 cm zu, schlagen die schmalen Seiten 17cm ein, knipsen 5,5cm vom oberen Rand her Armlöcher in die Bruchkanten ein und ziehen das Mäntelchen über die Flasche. Am Hals raffen wir den Krepp zusammen und binden ihn mit der Geschenkschnur fest. Jetzt setzen wir den Kopf auf, stecken das Holzstäbchen in den Schuber der Streichholzschachtel und kleben letztere auf den zweiten Stern.
Das Zündholzmädchen besteht aus zwei seitlich zusammengeklebten Filzhalbkreisen; Handteile vorher einschieben. Den Hohlraum in der Mitte füllen wir mit Watte. Den Kopf überziehen wir mit dem beigen Filzquadrat und kleben ihn auf den Körper. Jetzt bestücken wir das Ganze noch mit einem roten Filzkopftuch und malen das Gesicht auf, kleben dann noch vorne und hinten ein schmales Filzband seitlich am Rocksaum fest und stecken in der Mitte die Streichhölzer ein. Auf eine filzbezogene Streichholzschachtel kleben wir nun das Mädchen auf und drücken ihr einen Funkenstab in die Hand, der aus einem Holzstäbchen und dem Strahlenstern besteht.
Die Vorlage der Silbertanne 5mal im Bruch liegend zuschneiden, die Teile entlang der Mitte gegeneinanderkleben und seitlich einschneiden; dann auf eine Streichholzschachtel kleben.
Den Sterntaler und die Streichholzschachtel mit Klebstoff und Glitter versehen, dann mit Draht zusammenstecken.

Material für den Sternsinger
1 Kaffeemilchfläschchen, 11,5cm hoch
1 Styroporei, 6cm lang
1 Steckmooskegel, 10cm lang
Kreppapier: Blau und Beige
Metallfolie in Gold
Geschenkschnur
1 Holzstäbchen

Zündholzmädchen
1 Wattekugel, ⌀ 2,5cm
Filz: Rot, Weiß, Beige und Grün
Watte
Metallfolie in Gold
1 Holzstäbchen (Schaschlikspieß)
1 Streichholzschachtel

Silbertanne
Metallfolie in Silber

Sterntaler
Glitter in Gold
Tonkarton in Gelb
Draht

Die Vorlagen und Bastelhilfen sind auf den Seiten 66 und 67 zu finden:

Sternsinger
B Körperaufbau
C Gesicht
D Stern

Zündholzmädchen
F Körper
G Kopfüberzug
H Strahlenstern
J Kopftuch

Silbertanne
E 1/2 Tannenbaum

Sterntaler
K Stern

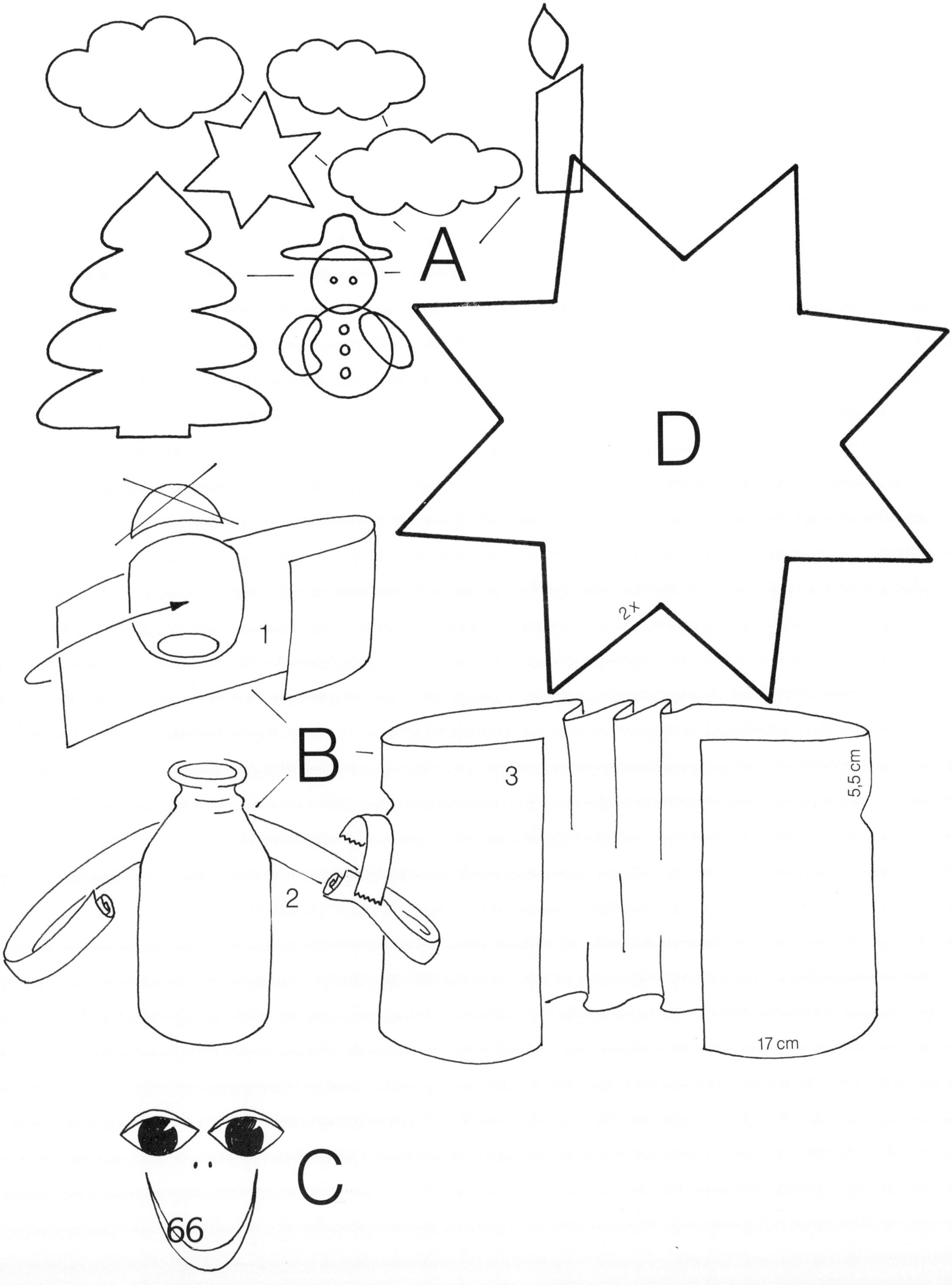
A
D
2x
1
B
3
5,5 cm
2
17 cm
C

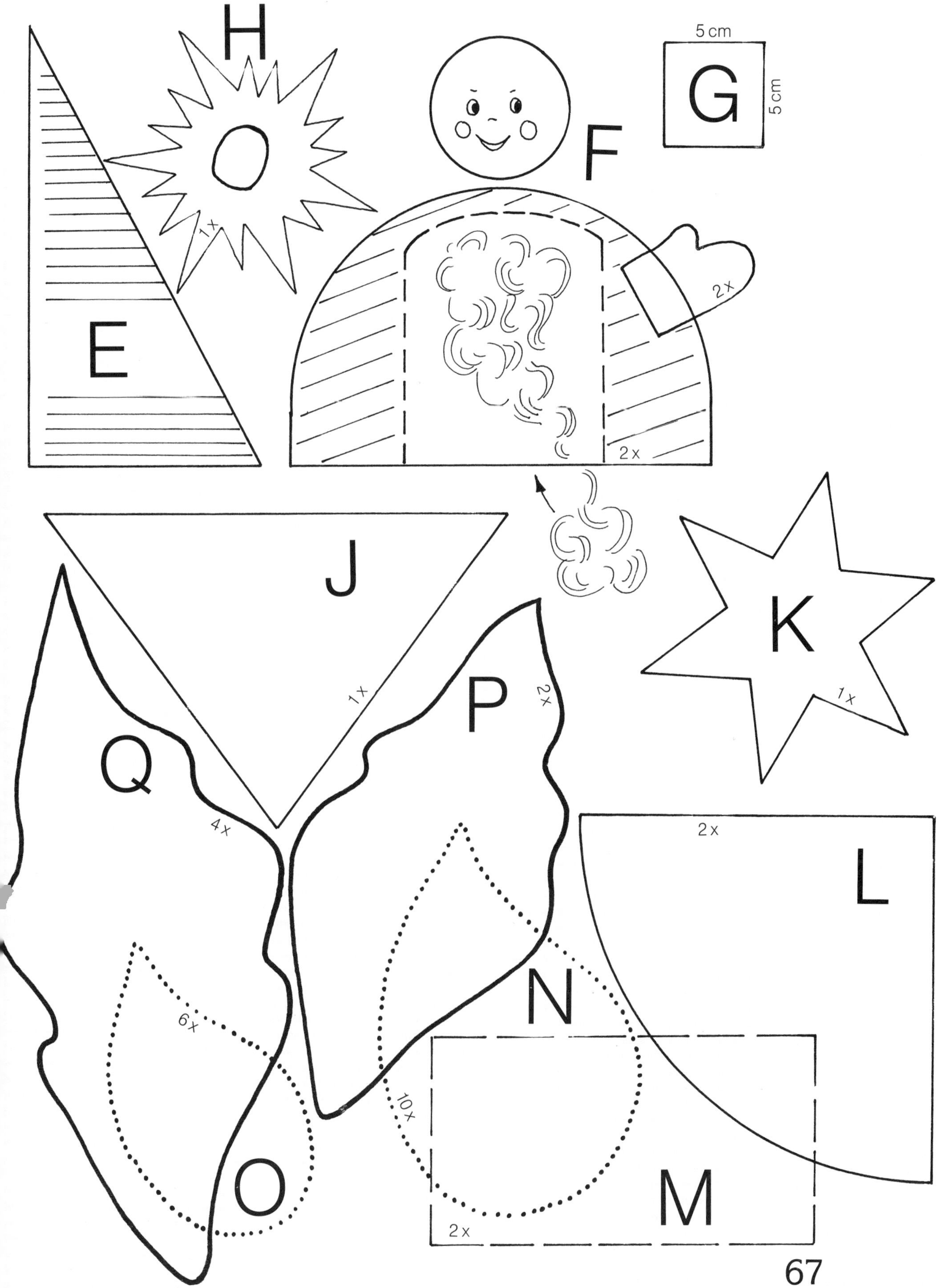
H
1x
E
F
5 cm
G
5 cm
2x
2x
J
1x
K
1x
P
2x
Q
4x
L
2x
N
6x
10x
O
M
2x

Wichtel · Weihnachtsstern

Material
Filz: Rot, Weiß, Grün und Grasgrün
Chenilledraht: Weiß, Rot, Gelb und Grün
Walnüsse

Die Vorlagen für die Weihnachtssterne und die Wichtel sind auf der Seite 67 zu finden:
L Wichtelmütze
M Wichteltasche
N Blütenblatt
O Kelchblatt
P Stielblatt
Q größeres Stielblatt

Für einen Wichtel brauchen wir eine große Walnuß, die wir halbieren und mit eingeschobenen 7cm langen Armteilen und 8cm langen Beinteilen aus Chenilledraht wieder zusammenkleben; die Drahtenden 5mm einschlagen. Weiterhin brauchen wir eine kleinere Walnuß für den Kopf, den wir mit einem Stück Draht auf den Körper setzen; dazwischen kleben wir eine Halskrause aus Chenilledraht. Zwei Augen aufmalen und einen Bart aus weißem Chenilledraht ankleben. Die Mütze schneiden wir aus dem Filz nach Vorlage L zu, kleben die geraden Kanten zusammen, schieben an der Spitze etwas Chenilledraht ein und setzen das Ganze auf den Kopf. Die ausgeschnittenen Taschen hälftig legen, die seitlichen Kanten zusammenkleben und einen Schulterriemen aus einem schmalen Filzstreifen an die Ränder kleben; dann dem Wichtel umhängen.

Für die Weihnachtssterne schneiden wir zuerst die Blütenblätter zu: je Stern 5 große Blätter und 3 kleine Blütenblätter in Grasgrün. Wir verbinden diese Blüten paarweise mit vier 7cm langen, grünen Chenilledrähten, falten dabei die Blüten, schieben je ein Drahtende 2cm ein und kleben letztere darin fest. Jetzt legen wir die Blütenpaare sternförmig übereinander, so daß die noch grünen Blüten unter den anderen Blüten liegen. Als nächstes legen wir drei 7cm lange, gelbe Blütenstaubstiele so um die Mitte der Blüte, daß letztere ihre Sternform behält. Zwei grüne Chenilledrähte spiralförmig zusammendrehen und hinten an der Blüte anbringen. Die beiden Stielblattvorlagen schneiden wir aus dem grünen Filz zu und kleben den Blättern 10cm lange Stiele aus Chenilledraht an; am besten die Blätter falten und jeweils ein Drahtende 3cm einschieben bzw. einkleben. Das andere Drahtende um den Stiel winden.

Mein Tip!

Die Wichtelmännchen können auch als Christbaumschmuck aufgehängt werden.

Serviettenringe

Für den Schneemann schneiden wir uns von der Papprolle mit 5cm Durchmesser 1mal 3,5cm ab und 1mal 5mm. Von der Rolle mit 3cm Durchmesser benötigen wir 2mal 3cm. Den großen Ring und einen kleinen Ring umwickeln wir mit weißem Kreppapier und kleben beide wie die Abbildung zeigt zusammen; so erhalten wir Kopf und Bauch des Schneemanns. Den schmalen Ring und den zweiten kleinen Ring umwickeln wir jetzt mit braunem Kreppapier, kleben beide Teile als Hut zusammen und plazieren ihn auf dem Kopf. Mund und Augen aufmalen und die Nase aus orangefarbigem Kork aufkleben. Ein 10cm x 16cm großes, weißes Kreppapier rollen wir längsseitig ein, dann legen wir den Schlauch zusammen und kleben die Enden seitlich am Körper fest. Eine Geschenkschnur als Schleife um den Hals binden und fertig ist unser Tischschneemann.

Die 3,5cm breite Papprolle des Nikolausringes umwickeln wir mit grünem Kreppapier, befestigen den goldfarbigen Zapfen mit Draht an der Oberseite des Ringes und kleben außerdem das Nikolausmännchen sowie das Äpfelchen dazu. Ein grünes Zweiglein verschönert unseren weihnachtlichen Serviettenring.

Den Walnußring basteln wir aus fünf halbierten Nüssen, die wir mit eingelegtem Chenilledraht wieder zusammenkleben. Die Drahtenden verdrehen wir spiralförmig miteinander und befestigen auf diesem Verschluß eine Bandschleife zur Zierde.

Den ebenfalls 3,5cm breiten Schleifenring malen wir goldfarbig an, überziehen ihn außen mit dem Geschenkband und setzen auf die Überlappungskante eine vierfach gelegte Schleife, die wir mit einer Geschenkschnur festbinden. Ein Zweiglein und eine Glaskugel vervollständigen diesen Serviettenring.

Mein Tip!

Namenskärtchen in die Armschlaufe des Schneemannes stecken.

Material für den Schneemann
1 Papprolle,
∅ ca. 5cm
1 Papprolle,
∅ ca. 3cm
Kreppapier:
Weiß und Braun
Tonkarton in Braun
Geschenkschnur

Material für den Nikolausring
1 Papprolle,
∅ ca. 5cm
Kreppapier in Grün
1 Nikolausfigürchen
1 Zapfen, goldfarbig
1 Dekorationsäpfelchen

Material für den Walnußring
5 Walnüsse
Geschenkband
Chenilledraht in Rot

Material für den Schleifenring
1 Papprolle,
ca. ∅ 5cm
Schleifenband
Geschenkschnur
1 kleine Glaskugel

Tischkärtchen

Material für einen Engel
Tonkarton
Metallfolie
1 Styroporkugel, ⌀ 3cm
Tortenspitze
Holzstäbchen
1 Zahnstocher
1 Schaschlikspieß

Zuerst pausen wir alle Vorlagen ab und legen diese auf den Tonkarton unserer Wahl auf; die Zuschnittangaben an den einzelnen Teilen gelten jeweils für einen Engel. Alle Teile ausschneiden. Entlang der gestrichelten Linie ritzen wir die Kleiderteile leicht an und knicken sie in entgegengesetzter Richtung um. Die Ärmel kleben wir paarweise zusammen und schieben dabei je ein Handteil mit ein. Jetzt kleben wir eine halbe Kleiderhälfte an eine andere dran, an die losen Kleiderhälften kleben wir wiederum eine andere dran und schieben dabei die Ärmel in Schulterhöhe ein. Jetzt vervollständigen wir den Kreis mit dem letzten Teil und erhalten so ein sternförmig zusammengesetztes Kleid. Wer will, kann die Saum- und Ärmelkanten mit Metallstreifen farblich absetzen. Jetzt nehmen wir einen Zahnstocher, stecken ihn mit einem Ende in die Styroporkugel und das andere Ende in die Mitte des Kleides hinein. Nun kleben wir 3mm schmale und 8cm lange Folienstreifen am Kopf fest, wickeln dann wiederum 3mm schmale Streifen spiralförmig um einen Schaschlikspieß und kleben die so entstandenen Locken vorsichtig am vorderen Kopfteil dazu. Jetzt malen wir noch ein freundliches Gesicht auf und kleben einen Heiligenschein am Hinterkopf fest. Zwei Rundungen einer Tortenspitze kleben wir an den beiden hinteren Kleiderkanten an. Das Schleifenband schneiden wir aus der Metallfolie aus, rollen das eine Ende locker auf, das andere Ende schneiden wir zackenförmig ein und kleben das Band mit leichter Wölbung nach vorne an den Händen des Engelchens fest.

Die Vorlagen und Bastelhilfen für die Tischkärtchen sind auf der Seite 72 zu finden:
A Kleid
B Ärmel
C Heiligenschein
D Zusammenbau des Körpers
E Schleifenband

Mein Tip!

Beim Aufkleben der Metallokken streicht ihr zuerst den Kopf mit Bastelleim ein, legt dann die Locken auf und drückt das entsprechende Ende mit der Spitze des Holzstäbchens vorsichtig auf den Kopf.

Kerzenleuchter

Wir schneiden uns einen Karton zu mit 9cm Durchmesser. Die Papprolle mit dem 5cm Durchmesser schneiden wir an zwei sich gegenüberliegenden Stellen aus, so daß die 3cm starke Papprolle rutschsicher aufliegt; Zeichnung F. Von dieser dünneren Rolle schneiden wir nun 2mal 4cm und 1mal 16cm ab. Die kurzen Stücke schneiden wir ähnlich der großen Papprolle ein, so daß sie rutschsicher auf der 16cm langen Papprolle aufsitzen. Jetzt streichen wir jedes Teil nacheinander mit Klebstoff ein und überziehen alles mit einer Haushaltsfolie. Danach kleben wir die Teile aufeinander und halten die Verbindungen mit Gummiringen zusammen: die 16cm lange Rolle legen wir in die Einschnitte der großen Rolle, die kurzen Stücke setzen wir 1,5cm von den Außenrändern entfernt auf und stellen das gesamte Teil auf den runden Kartonboden. Einen ca. 60cm langen Alustreifen zu einem Zierband zusammenrollen und um den Leuchter herum drapieren. Jetzt noch Dekorationsschnipsel in die Öffnungen stecken und Glaskugeln an verschieden langen Drähten aufhängen; letztere in die schmalen Öffnungen der großen Rolle einstecken.

Material

1 Papprolle, ⌀ 5cm, 10cm lang
1 lange Haushaltspapprolle, ⌀ 3cm
1 Karton (Bierdeckelstärke)
Haushaltsfolie
8mm Silberdraht
Glaskugeln (Set-Packung)

Die Bastelhilfe für den Kerzenleuchter ist auf der Seite 72 zu finden:
F Aufbau des Leuchters

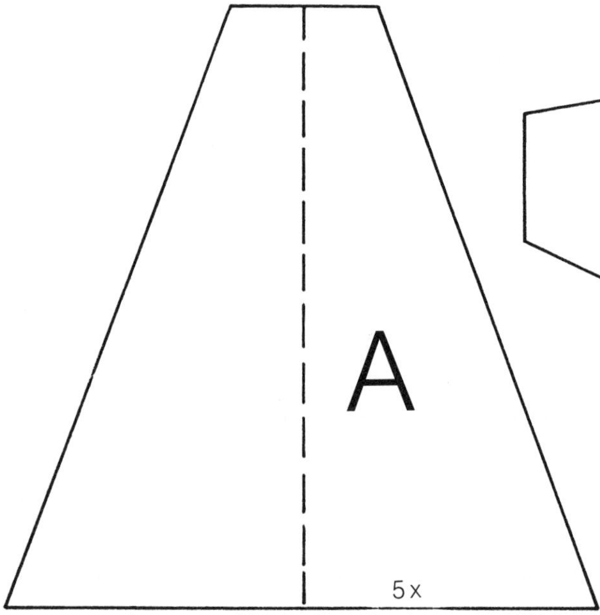
A
5 x

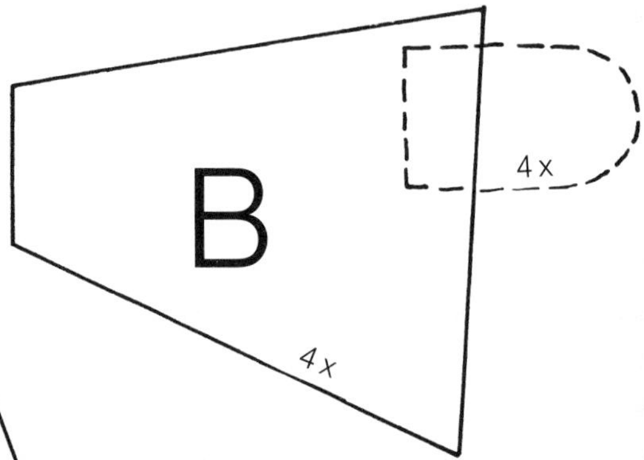
B
4 x
4 x

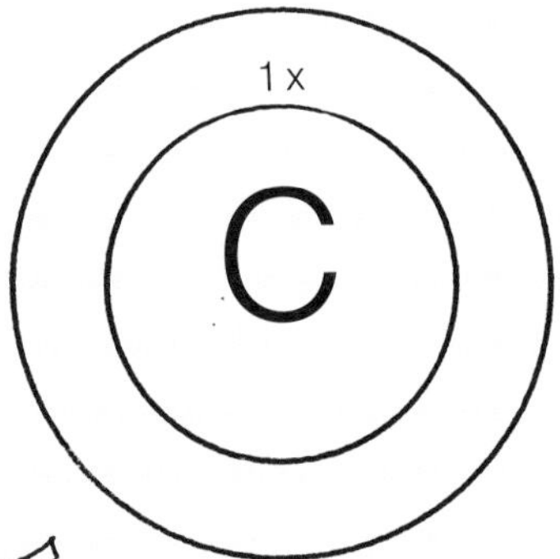
1 x
C

1
2
3
4
D

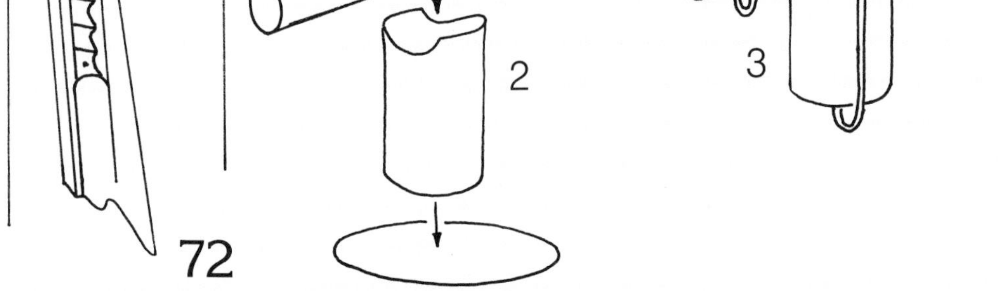
1
F
2
3

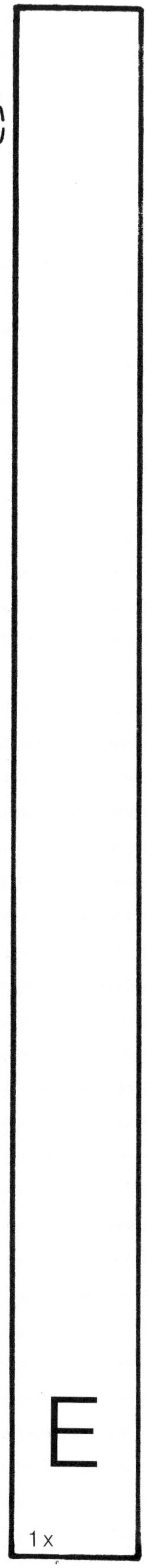
E
1 x

A
B
C
D
E
F
G

Weihnachtsgedeck

Material
Tonkarton
Satinband oder Geschenkband, 6cm breit
Pappteller
Plakafarben

Wir zeichnen die Vorlage ab, bekleben sie beidseitig mit Tesafilm und schneiden sie dann erst aus. Eine große Kartoffel halbieren wir, stecken je eine Schablone auf eine Schnittfläche und schneiden mit einem dünnen Messer der Vorlage entsprechend die sichtbaren Kartoffelfelder heraus. Eine Schnittiefe von 5mm ist ausreichend, d.h., das Druckmotiv hebt sich deutlich um 5mm ab. Diese hervorstehende Fläche tupfen wir erst einmal mit einem saugfähigen Papier trocken. Jetzt streichen wir mit einem Pinsel zuerst die hellere Farbe auf, drücken die Kartoffel mit der Farbe auf unsere Unterlage wie: Set, Tischband oder Teller. Nach jedem dritten Druck bestreichen wir die Fläche neu mit Farbe. Bei einem Farbwechsel wischen wir die restliche Farbe vorsichtig ab, tragen die neue Farbe auf und stempeln 3 bis 5mal auf einem Probepapier ab und tragen erneut die Farbe auf.

Gedicht!

Kinder, kommt und ratet,
was im Ofen bratet!
Hört, wie's knallt und zischt.
Bald wird er aufgetischt,
der Zipfel, der Zapfel,
der Kipfel, der Kapfel,
der gelbrote Apfel.

Kinder, lauft schneller,
holt einen Teller,
holt eine Gabel!
Sperrt auf den Schnabel
für den Zipfel, den Zapfel,
den Kipfel, den Kapfel,
den goldbraunen Apfel!

Sie pusten und prusten,
sie gucken und schlucken,
sie schnalzen und
schmecken,
sie lecken und schlecken
den Zipfel, den Zapfel,
den Kipfel, den Kapfel,
den knusprigen Apfel.

Die Vorlagen und eine Bastelhilfe für das weihnachtliche Gedeck sind auf der Seite 73 zu finden:
A Weihnachtsmannschablone
B Sternschablone
C Herstellung des Kartoffelstempels

Girlanden

Wir beginnen mit dem Abpausen des Sterns und übertragen ihn 2mal auf gelbes Tonpapier. Die Konturen aus- und den mittleren Stern herausschneiden. Jetzt schneiden wir den gleichen Stern 40mal aus gelbem Transparentpapier zu und kleben alle Sterne folgendermaßen zusammen: einen Stern auflegen, eine dünne Klebstoffspur entlang der Mitte von der oberen Spitze zur unteren Spitze ziehen, dann den nächsten Stern kantengleich darüberlegen. Diesen Stern nun rechts und links an den zwei äußeren Ecken jeweils mit einem Klebstofftropfen versehen und einen weiteren Stern darüberlegen. Jetzt wieder senkrecht entlang der Mitte den Klebstoff auftragen, einen weiteren Stern kantengleich darüberlegen und bei diesem dann wieder die Ecken rechts und links mit einem Tropfen Klebstoff versehen. Zeichnung F zeigt anhand der gestrichelten Stellen innerhalb der einzelnen Motive die Klebeflächen. In dieser Reihenfolge setzen wir alle Sterne zusammen und erhalten so unsere Girlande. Das Gleiche geschieht übrigens mit der Engelsform. Hier werden bei der seitlichen Klebung die Flügelspitzen und die rechte sowie linke Wolkenkante mit Klebstoff versehen. Die Tonkartonsterne zum Schluß ganzflächig als Randverstärkung auf den ersten sowie auf den letzten Transparentstern aufkleben. Jetzt noch zwei kleine Kartonsterne ausschneiden, diese mittig lochen, die Sterne an der oberen Spitze ebenfalls lochen und alles auf einen Faden von doppelter Girlandenlänge auffädeln; die beiden kleinen Sterne von beiden Seiten auffädeln. Das Fadenende jeweils hinter dem kleinen Stern kreisförmig aufkleben, Fadenschlaufe dabei stehen lassen, und den Stern Loch über Loch auf den großen Stern kleben; hierzu hilft euch Zeichnung G.

Material

Tonkarton
Transparentpapier
Zwirn oder Knopflochseide

Die Vorlagen und Bastelhilfen für die weihnachtlichen Girlanden sind auf der Seite 73 zu finden:
D Sternenmotiv
E Engelsmotiv
F Vorgabe der Klebestellen
G Schnurverbindung

Glaskugel

Material
1 Plexiglaskugel, ∅ 14cm zum Öffnen
8 Wattekugeln, ∅ 1cm
2 Wattekugeln, ∅ 1,7cm
2 Watteoliven, 3cm lang
1 Styroporei, 4cm lang
Chenilledraht: Weiß, Grün, Braun und Rot
Filz in Rot
Engelshaar
Glitter
Satinbändchen

Zuerst pausen wir die Mützenvorlage ab, schneiden sie aus und legen sie auf den roten Filz. Nach dem Zuschnitt kleben wir die geraden Kanten zusammen und schieben ein Stück Chenilledraht in die Spitze hinein. Der Aufbau des Nikolauskörpers ist in Zeichnung B klar zu erkennen. Das stumpfe Ende einer Watteolive abschneiden und das andere Teil rot anmalen. Die 1,7cm große Wattekugel als Kopf aufstecken bzw. aufkleben und die Mütze darüberkleben. Einen Pelzbesatz aus Chenilledraht um den Mützenrand sowie um den unteren Körperrand und entlang der vorderen Mitte kleben. Der Bart besteht ebenfalls aus weißem Chenilledraht. Die 2,5cm langen Arme aus rotem Chenilledraht kleben wir in die vorgebohrten Armlöcher ein. Eine schwarzgefärbte 1cm große sowie eine halbe, weiße Wattekugel vorstechen und als Standfuß wie in Zeichnung B dargestellt dem Nikolaus anpassen. Das Engelchen wird ähnlich nur ohne Fuß und Pelzbesätze angefertigt. Dafür erhält es einen Heiligenschein aus weißem Chenilledraht und weiße Flügel aus gekürzten Marabufedern. Den Körper malen wir goldfarbig an und betupfen in gleicher Farbe auch den Heiligenschein und die Arme. Für den Stamm des Tannenbaumes schneiden wir einen 8cm langen, braunen Chenilledraht zu, den wir ebenfalls in eine halbe Wattekugel stecken und mit fünf 7cm langen grünen Chenilledrähten umwickeln, die wir nach oben hin etwas kürzen. Zeichnung C zeigt, wie wir die Zweige der Tanne anlegen müssen. Jetzt fertigen wir noch zwei weiße Chenillesterne, die jeweils aus drei 3,5cm langen miteinander verkreuzten Drahtteilen bestehen. Für den Nikolaussack halbieren wir das 4cm lange Styroporei, malen eine Hälfte goldfarbig an, malen auch fünf kleine Wattekugeln rot an und kleben letztere auf die Schnittfläche des Styroporsacks. Auch hier bringen wir einen Standfuß an. Jetzt kleben wir den Nikolaus und den Sack in die vordere Hälfte der Glaskugel ein, die Tanne und das Engelchen bringen wir versetzt in der hinteren Hälfte unter. Etwas Engelshaar als Schnee am Boden auslegen und Glitter darüberstreuen. Die Kugel verschließen wir sorgfältig und bringen ein Satinbändchen als Aufhängung an der Öse der Kugel an.

Die Vorlage und Bastelhilfen zur Glaskugelszene sind auf der Seite 78 zu finden:
A Mütze
B Aufbau der Figuren
C Aufbau der Tanne

Engelsleiter

Beginnen wir mit einem Engelchen. Wie in Zeichnung B dargestellt fertigen wir den Körper aus weißem Chenilledraht. Eine weiße Styroporkugel stecken bzw. kleben wir auf den Hals und zeichnen das Gesicht ein. Von einem 10cm breiten und 40cm langen Kreppapierrechteck legen wir die schmaleren Kanten zur Mitte hin, schneiden an den Bruchkanten 2,5cm von der oberen Kante kleine Armlöcher ein und ziehen dem Engelskörper das Kleidchen so an, daß der Verschluß hinten liegt. Das Kreppapier raffen wir am Hals gleichmäßig zusammen und halten es mit einem Zwirn oder einer Geschenkschnur in Gold fest. Jetzt pausen wir die Flügel ab und übertragen sie auf goldfarbige Metallfolie, schneiden sie aus und kleben sie am Rücken der Engelchen an. Weiterhin kleben wir einen kleinen Wattebausch als Haare auf, darüber wiederum fixieren wir ein Stirnband aus der 3mm schmalen Borte und verteilen ein paar Glittersterne im Haar und auf dem Kleid. Aus einem Metallstreifen falten wir drei Ziehharmonikas, die wir den Engelchen jeweils an einer Hand festkleben. Die Leiter setzen wir wie in Zeichnung E dargestellt aus weißem Chenilledraht zusammen.

Material
Chenilledraht in Weiß
Metallfolie in Gold
Kreppapier in Weiß
3 Styroporkugeln, ⌀ 3cm
Watte
Goldborte, 3mm schmal
Glittersterne

Die Vorlage und die Bastelhilfen für die drei Engelchen sind auf der Seite 79 zu finden:
A Flügel
B Aufbau des Körpers
C Zuschnittvorgabe des Kleides
D Kleidanpassung
E Leiter

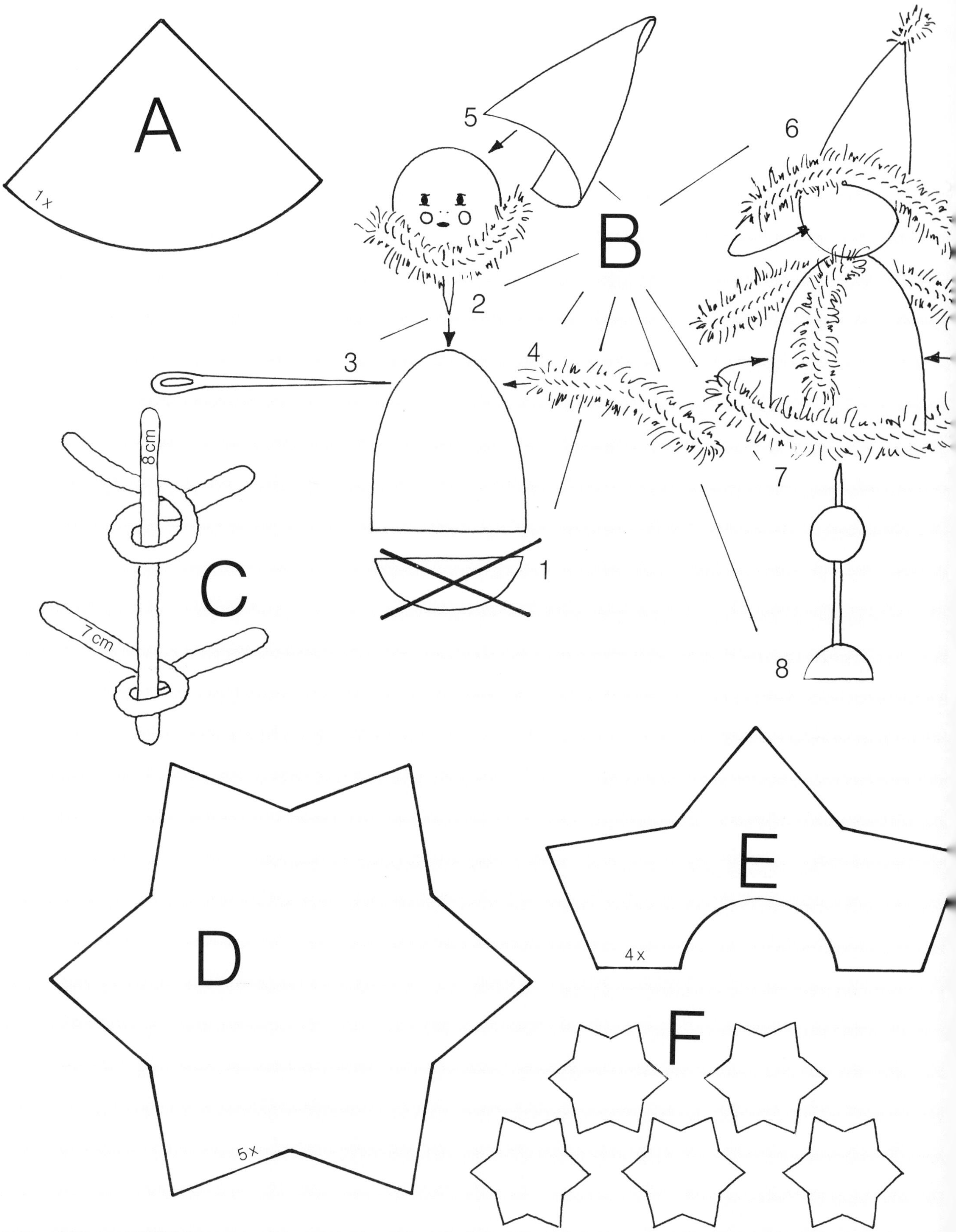
A
1x
B
1
2
3
4
5
6
7
8
8 cm
7 cm
C
D
5x
E
4x
F

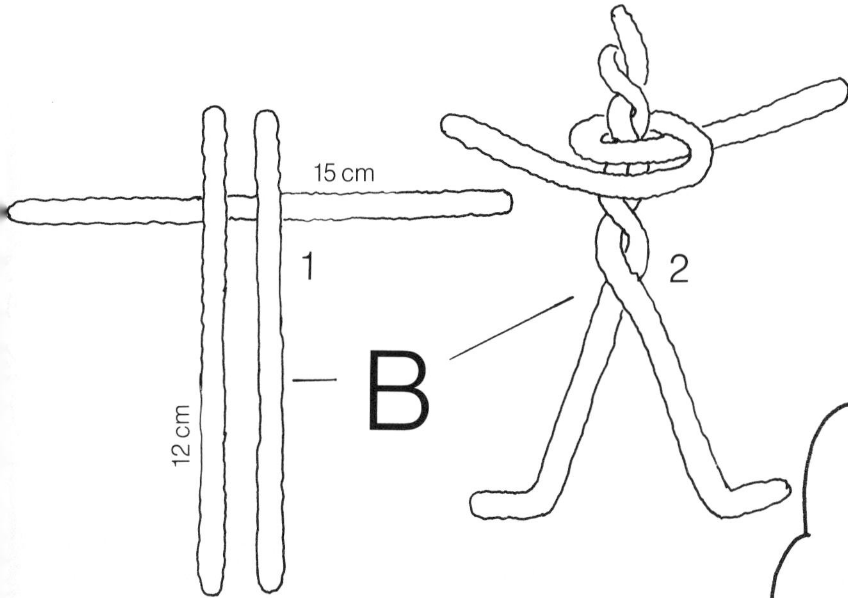
15 cm
1
2
12 cm
B

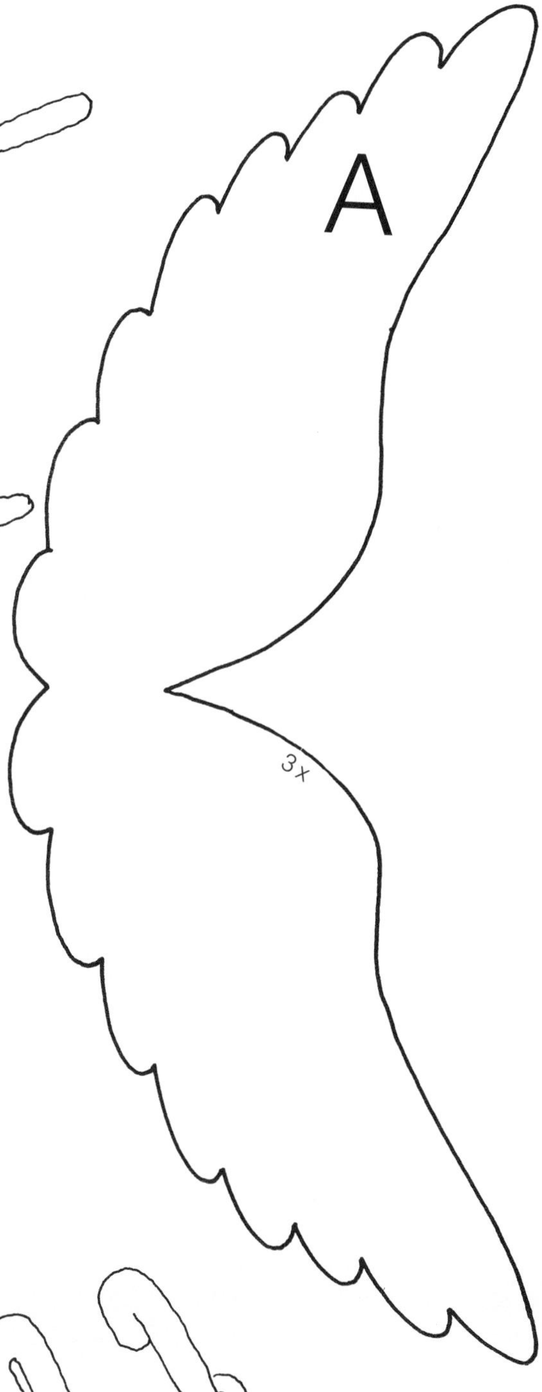
A
3 x

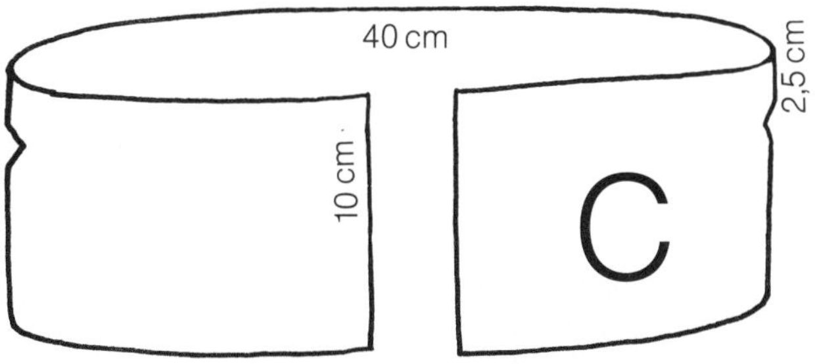
40 cm
2,5 cm
10 cm
C

D

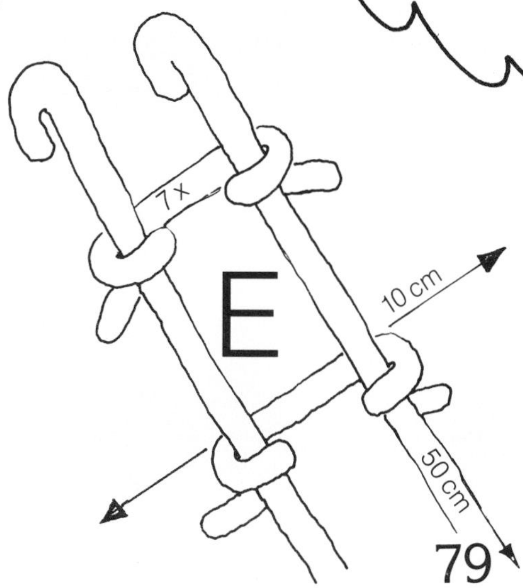
7 x
10 cm
E
50 cm

Kerzenständer

Material
Balsaholz, 2cm stark
8mm Rundholz
3 Nägel
3cm lang
Holzstäbchen
(Zahnstocher)
Lackfarben

Wir pausen die Vorlagen D und E sorgfältig ab, kleben sie auf einen Tonkarton und schneiden sie dann aus. So erhalten wir stabile Schablonen, die wir jetzt auf das Balsaholz auflegen und aufzeichnen: den Stern 5mal, den halben Stern 4mal. Wir schneiden die Konturen mit einer Laubsäge oder mit einem stärkeren Bastelmesser aus und setzen die Teile wie in Zeichnung F dargestellt und flach auf dem Tisch liegend versetzt gegeneinander zusammen. Bei Unebenheiten nehmen wir ein Schleifpapier und korrigieren diese Stellen; gleichzeitig runden wir die Kanten ab. Als nächstes lackieren wir die Sterne sowie auch die Fußteile in der gewünschten Farbe, schneiden vom 8mm Rundholz 3mal 5cm ab und vom Balsaholz schneiden wir drei Kreise aus mit einem Durchmesser von je 3 cm. Bei letzteren stoßen wir in der Mitte einen Nagel durch und leimen die drei Balsaholzkreise mit der flachen Seite auf ein Rundholzende; gut andrükken und trocknen lassen. Danach auch diese Teile lackieren. Das andere Rundholzende drücken und leimen wir bei drei Sternen exakt in einen Winkel zweier Sternspitzen. Auch hier warten wir bis der Leim trocken ist. Bei allen Verbindungsflächen bohren wir mit Hilfe einer stärkeren Sticknadel exakt in der Mitte ein Loch vor, zwicken 2cm lange Zahnstocherstücke für Dübel ab und verleimen die Flächen inklusive eingesteckter Zahnstocherdübel. Die vier Standfüße stecken und leimen wir ebenfalls mit Zahnstocherdübeln an den äußeren Sternen fest. In die Aushöhlung der Standfüße geben wir etwas Steckmoos und verzieren den Kerzenständer mit Federn, kleinen Zweigen oder Blumen. Mit etwas Glitterspray bekommt der Kerzenständer seinen weihnachtlichen Glanz.

Die Vorlagen und die Bastelhilfe zu diesem Kerzenständer sind auf der Seite 78 zu finden:
D Sternform
E Standfuß
F Zusammenbau

Mein Tip!

Die Klebestellen immer kräftig einleimen und die Verbindungsteile fest, aber doch gefühlvoll zusammenpressen.

Dekosterne

Beginnen wir mit dem roten Stern. Wir knicken unsere starken Trinkhalme in der Mitte um. Dann bohren wir uns mit einer Bleistiftspitze Löcher mit einem Abstand von 2 cm in eine Styroporkugel, geben etwas Bastelleim dazu und stecken die Enden eines Trinkhalmes hinein. Rücken 1,5cm weiter und wiederholen das Ganze bis wir einen schönen Stern erhalten. Danach lackieren wir die Kugel und streuen sofort Glitter darüber, so daß dieser mit der Farbe auftrocknen kann. Den blauen Stern basteln wir ähnlich. Hierzu knicken wir 10cm lange, dünne Trinkhalme in der Mitte um, bohren diesmal mit einem Zahnstocher die Löcher vor und stecken die Trinkhalmenden mit etwas Bastelleim hinein. Zusätzlich stecken wir noch einzelne, 5cm lange Halme hinein. Zum Schluß streichen wir die Kugel mit Bastelleim ein, streuen sofort Glitter darüber und lassen das Ganze gemeinsam antrocknen. Für den gelben Stern schneiden wir uns einen Kreis mit 6cm Durchmesser aus der 2cm starken Styroporplatte und lackieren ihn an. Streuen noch etwas Glitter darüber und lassen das Ganze trocknen. Stechen dann wiederum mit einem Bleistift die seitlichen Kreiskanten vor und setzen die 14cm langen, zur Hälfte geknickten Trinkhalme mit Bastelleim ein. Mit etwas Abstand zueinander setzen wir alle weiteren Trinkhalme ebenso ein. Wenn ihr die Halme versetzt zueinander mit Überschneidungen einsetzt, erhaltet ihr einen tollen Strahlenstern.

Mein Tip!

Steckt schlanke, lange Kerzen für Blumengestecke in die Sterne ein und schon habt ihr einen originellen Kerzenständer.

Material

Styroporkugeln, ⌀ 5cm
Styroporplatte
Trinkhalme, dick und dünn
Glitter
Lackfarbe

Diese Sterne können sowohl als Tischdekoration aufgestellt wie auch als Fensterschmuck aufgehängt werden.

Geschenke und Überraschungen

Geschenkschatullen

Material
Spanschachtel
Walnüsse
Zapfen
Lackfarben:
Gold und Silber
Käseschachtel mit
Sichtfenster
Metallfolien
Schnur
Verpackungs-
klarsichtfolie
Tonkarton
Mon Chérie-Box
Strohhalme natur

Die Vorlage für die Schnurschachtel ist auf der Seite 86 zu finden:
A Märchenszene
B Wickelhilfe
C Sichtfeld-zusammenbau

Die Spanschachtel der Nußschatulle malen wir zuerst in Gold und Silber an. Halbieren anschließend vier Walnüsse, malen diese ebenfalls an und kleben sie auf den Deckel. In die Mitte geben wir etwas Moos, kleben einen silberfarbigen Zapfen drauf, dessen Spitze wir vorher entfernen und befestigen darauf wiederum eine goldfarbige Walnuß, der wir noch ein Gesicht aufmalen. Engelshaar und ein Heiligenschein runden den Kopf ab. Ein Stück weißer Chenilledraht für die Arme um die obere Schuppenreihe des Zapfens wickeln. Nun kleben wir noch zwei goldfarbige Blätter am Zapfenrücken fest.

Die Schnurschatulle wird einfach nur umwickelt. Wie in Zeichnung B dargestellt beginnen wir in der Mitte des Käseschachtelbodens: Bastelleim auftragen, Schnurende mit Tesastreifen fransenfrei absichern, dieses Ende mit zwei dicht nebeneinander stehenden Stecknadeln aufstecken und den Rest der Schnur drumherum anlegen. Immer wieder Bastelleim auftragen. Den Dekkel nur am Rand und 1 cm zum Sichtfenster hin einwikkeln. Danach schneiden wir uns ein festes Klarsichtfenster für den Deckel zu, kleben es hinein und bekleben die Folie von innen her mit den Vorlagemotiven aus Metallfolie. Danach kleben wir wie in Zeichnung C dargestellt zwei schmale Zwischenringe aus Tonkarton ein und lassen alles erstmals gut antrocknen. Jetzt geben wir Glittersternchen in die Folienmitte und kleben ein weiteres Klarsichtfenster darüber; nur am Rand aufkleben, so daß sich ein Hohlraum in der Mitte bilden kann. Ohne den Deckel zu schütteln, diesen über Nacht gut durchtrocknen lassen. Wenn der Klebstoff fest ist, können die Sterntaler geschüttelt werden.

Die Strohhalmschatulle besteht aus einer mit Strohhalmen beklebten Mon Chérie-Box; Bastelleim verwenden.

Weihnachtsgrüße

Material
Kistchenholz
Verzierwachs
Tonkarton

Sackleinen
Filz
Geschenkschnur

Astmoos
Papprolle
Metallfolie
Glasperlen
Teelicht

1 mm Balsaholz
Metallfolie
Weißes Kuvert

Die Vorlagen sind auf den Seiten 90 und 91 zu finden.

Die Holzkarte, aus einem 10,5 cm x 15,5 cm großen Kistchenholzbrett gebastelt, ist leicht nachzumachen. Die Vorlage zum Weihnachtsmann findet ihr auf Seite 90 unter C. Das Wachs mit einem Bastelmesser zuschneiden und die aufzuklebende Seite mit einem Fön etwas anwärmen, dann erst aufdrücken. Das Kuvert aus Tonkarton wird nach einem normalen weißen Briefumschlag angefertigt und mit zwei Sternen verziert. Die Sackleinenkarte nach der Vorlage D auf Seite 91 zuschneiden; den Stoff innen nach der Maßhilfe E. Das Sackleinen weichen wir in Wäschesteif ein, legen es hälftig und lassen es trocknen. Danach verzieren wir die Vorderseite mit einem Apfel und einer Kerze aus Filz. Stoff und Sackleinen halten wir an der Bruchkante mit einer Geschenkschnur zusammen.

Den kleinen Christbaum binden wir aus Astmoos (im Bastelgeschäft zu erhalten) zusammen und verzieren ihn mit Glasperlen. Der Ständer besteht aus einem Teelicht, dessen Docht wir entfernen, um den Christbaum in das Loch einzustecken. Mit einer Metallfolie umwickeln wir dann das Ganze. Verschickt wird der Christbaum in einer eingewickelten Papprolle.

Das Balsaholz schneiden wir 2mal entsprechend der Vorlage A auf Seite 90 zu. Wir schneiden das Muster von einem Teil heraus, legen beide Balsakarten Stoß an Stoß nebeneinander und verbinden das Ganze mit einer Metallfolie, die wir wie in Zeichnung B dargestellt zuschneiden. Die Vorderseite eines normalen Briefumschlages überkleben wir ebenfalls mit Balsaholz in entsprechender Größe; vorher schneiden wir die Kerzenvorlage aus und hinterlegen den Freiraum mit einer Folie.

Herzliche Weihnachtsgrüße

A

B

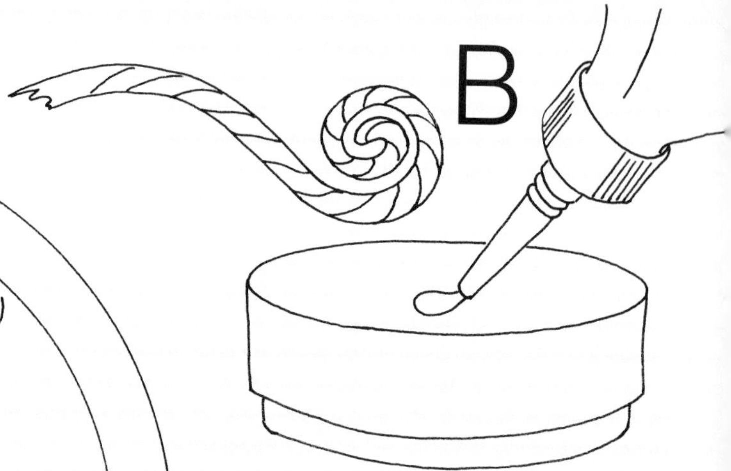

C

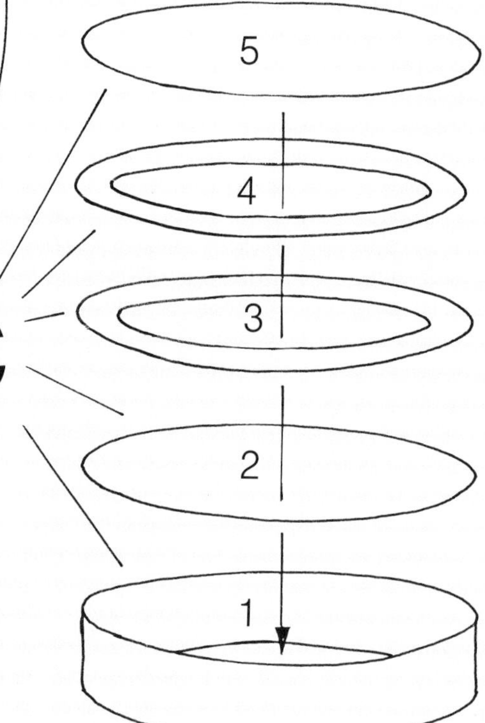

D

E

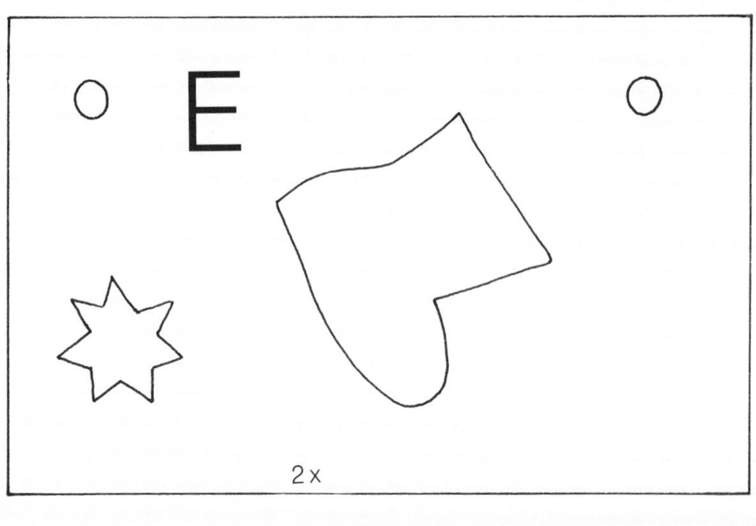

F

G

H

Geschenkanhänger

Material
Holzengel
1mm Balsaholz
Spanstreifen
Malfarben
Geschenkschnur

Wolkenengel
Tonkarton: Hellbraun, Weiß und Hellblau
Metallfolie in Gold
1/2 Walnußschale
Geschenkschnur

Nikolaus
Tonkarton: Grün
Rot, Hellbraun und Weiß
Metallfolie in Gold
1/2 Walnußschale
Deckweiß
Geschenkschnur

Goldengel
Tonkarton in Blau
Metallfolie in Gold
Geschenkschnur

Nikolausstiefel
1mm Balsaholz
Transparentpapier in Rot
Watte
Wolle in Rot
Geschenkschnur

Die Vorlagen zu allen Geschenkanhängern sind auf den Seiten 86 und 87 zu finden:
D Goldengel
E Nikolausstiefel
F Holzengel
G Wolkenengel
H Nikolaus

Die Engelvorlage F pausen wir ab und übertragen sie auf das 1mm dünne Balsaholz, das wir vorsichtig mit einem Bastelmesser schneiden. Die eingezeichneten Konturen von Flügeln, Gesicht und Armen malen wir sorgfältig ein, die größeren Flächen malen wir aus. Jetzt schneiden wir entlang der Handkonturen bis zur halben Armlänge ein und schieben einen Spanstreifen unter.
Für das Wolkenengelchen pausen wir die Vorlagenteile ab, übertragen sie auf die einzelnen Tonkartonfarben: die Wolke auf Hellblau; das Gesicht auf Hellbraun, die Flügel und die Haare auf Weiß. Danach alle Teile ausschneiden und der Vorlage entsprechend auf die Wolke kleben. Den Heiligenschein, die Arme und die Füße aus der goldfarbigen Metallfolie ausschneiden und dazukleben. Zum Schluß in der Mitte eine halbe Walnußschale als Körper aufkleben und das Gesicht mit Filzstift aufmalen.
Den Nikolausanhänger wie folgt zuschneiden: den Tannenbaum in Grün; die Mütze, den Arm und die Beine in Rot; das Gesicht und den Sack in Hellbraun und den Bart sowie den Mützenbommel in Weiß. Alle Teile vom Nikolaus auf die Tanne kleben und eine halbe Walnußschale als Körper aufkleben. Den Pelzbesatz an Mütze, Stiefel und Arm sowie das Auge mit Deckweiß auftupfen; die Hand, die Pupille und den Flicken am Sack mit schwarzem Filzstift an- bzw. aufmalen. Außerdem noch goldene Metallsterne verteilen.
Die Goldengelvorlage pausen wir ab und legen sie über eine Metallfolie, die wiederum auf einer weichen Unterlage (ein Heft) liegt. Wir zeichnen mit einem harten Bleistift die Konturen nach, so daß sich diese auf der Metallfolie abdrücken. Danach schneiden wir den Engel mit 1mm Zugabe aus und kleben ihn auf ein blaues Tonkartonkärtchen, das wir wiederum der halben Engelkontur folgend zuschneiden. Zwei Metallstreifen am oberen und unteren Rand verschönern das Kärtchen. Beim Balsaholzkärtchen mit dem Stiefel schneiden wir entsprechend der Vorlage zwei Rechtecke zu und schneiden den Stern und den Stiefel aus einem Teil heraus. Ein 12cm x 9,5cm großes rotes Transparentpapier falten wir zur Hälfte zusammen und schieben es zwischen die beiden Balsarechtecke. Mit einem Locher knipsen wir die Randlöcher ein und verbinden die Teile mit einem Wollfaden. Jetzt noch etwas Watte für den Pelzbesatz am Stiefel aufkleben und fertig ist auch dieser Anhänger. Zum Schluß noch an alle Anhänger eine goldfarbige Geschenkschnur anbringen.

Weihnachtsmann

Wir schneiden zwei der großen Styroporeier quer durch, so daß wir je zwei gleiche Teile erhalten. Das andere große Ei halbieren wir der Länge nach. Jetzt stecken wir mit Hilfe von Zahnstocherstücken die kleine Styroporkugel als Kopf auf die große Kugel und passen dieser wiederum zwei quer halbierte Eiteile als Arme an. Mit etwas Bastelleim halten wir die Teile fest zusammen. Wir malen nun das Gesicht fleischfarbig an, und der Körper inklusiv der Arme erhält die Farbe Rot. Den Gürtel kleben wir aus einem schwarzen Filzstreifen darüber. Die anderen beiden quer halbierten Eiteile setzen wir mit der runden Form auf die hintere Hälfte der längs halbierten Eiteile und erhalten so die Stiefel, die wir schwarz anmalen und an der Unterseite des Körpers befestigen. Die Hände, bestehend aus den kleinen Styroporeiern, färben wir ebenfalls schwarz ein und stekken sie den Armteilen auf. Die fleischfarbige Nase ebenfalls aufstecken bzw. aufkleben. Die Mütze aus rotem Filz ausschneiden und hälftig legen. Laut Schraffurfläche auf der Vorlage an dieser Stelle Leim auftragen und die hinteren Kanten zusammenkleben; dabei etwas Vlies an der Spitze einschieben. Die Mütze selbst kleben wir jetzt auf den Kopf und verzieren die vordere Kante von Ecke zu Ecke mit einem 1cm breiten Vliesstreifen als Pelzbesatz. Einen solchen erhalten auch beide Handteile sowie beide Stiefelränder. Den 1cm breiten Pelzbesatz des Körpers beginnen wir in der hinteren Mitte des Gürtels, kleben ihn unterhalb eines Arms nach vorne, am Arm entlang nach oben, dann zur hinteren Halsmitte und führen das Vlies auf der anderen Körperseite in umgekehrter Reihenfolge weiter bis hin zur hinteren Gürtelmitte. Jetzt noch zwei Augen aufmalen. Augenbrauen, Schnurrbart und Bart mit Vlies aufkleben und einen lachenden Mund aus rotem Filz aufkleben. Jetzt noch einen Draht mit Astmoos sowie Metallsternen verzieren und dem Weihnachtsmann in die Hände stecken.

Material

Styroporkugeln:
1 x Ø 10cm
1 x Ø 5cm
1 Wattekugel
Ø 1,8cm
Styroporeier:
2 x 4cm lang
3 x 6cm lang
Zahnstocher
Vlies
Filz: Rot und Schwarz
Lackfarbe: Schwarz und Fleisch
Draht
Astmoos
Metallfolie

Die Vorlagen und die Bastelhilfen sind auf der Seite 91 zu finden:
A Mütze
B Stern
C Körperaufbau

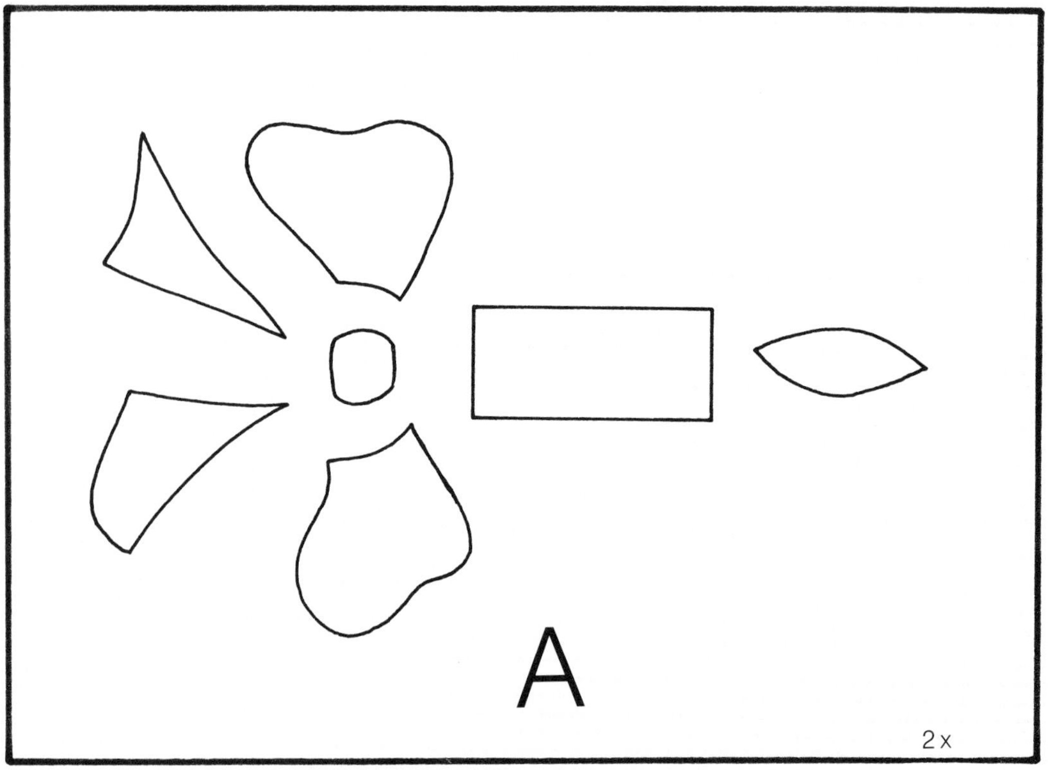
A
2 x

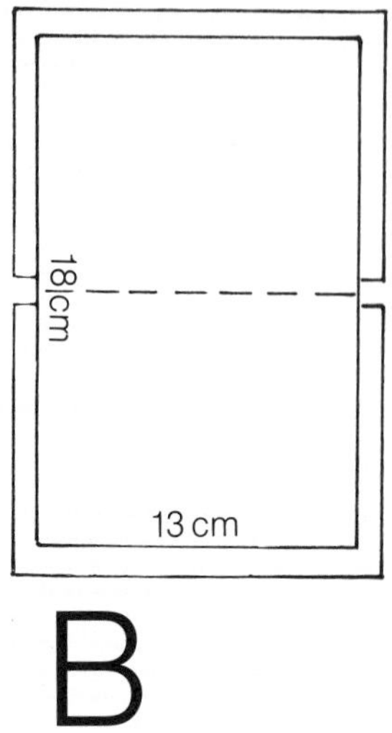
18 cm
13 cm
B

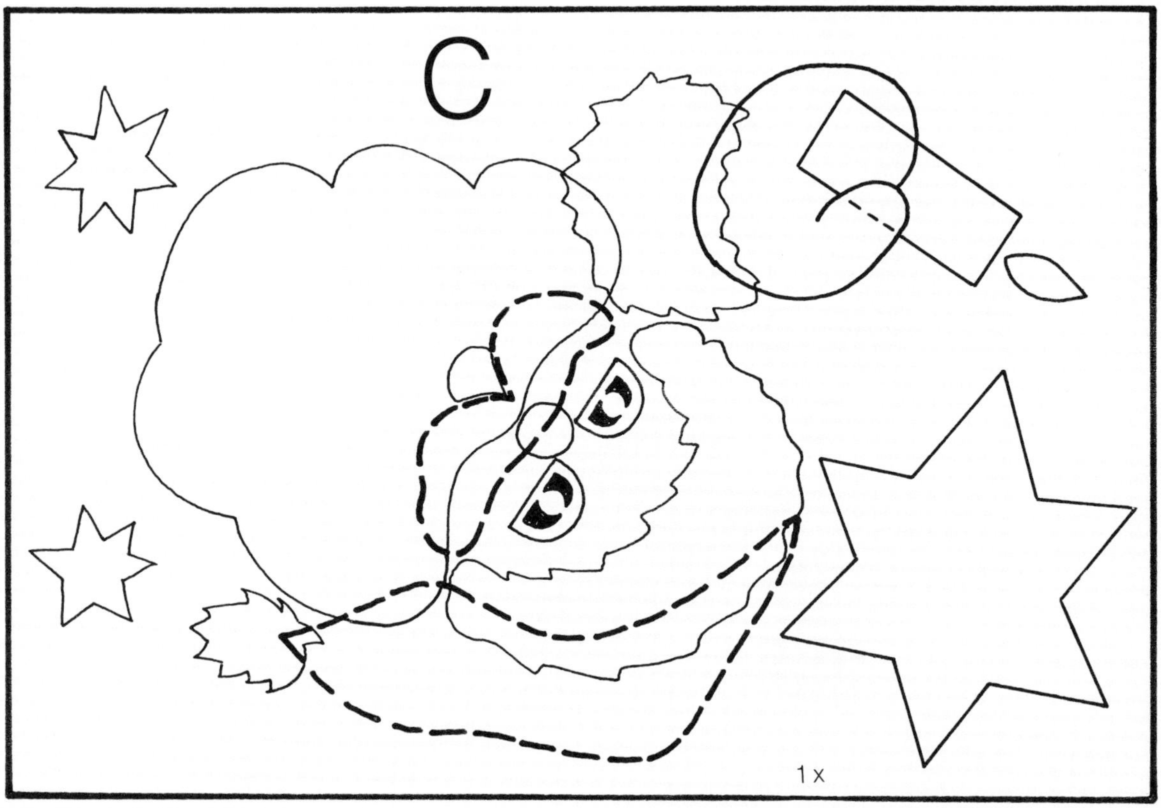
C
1 x

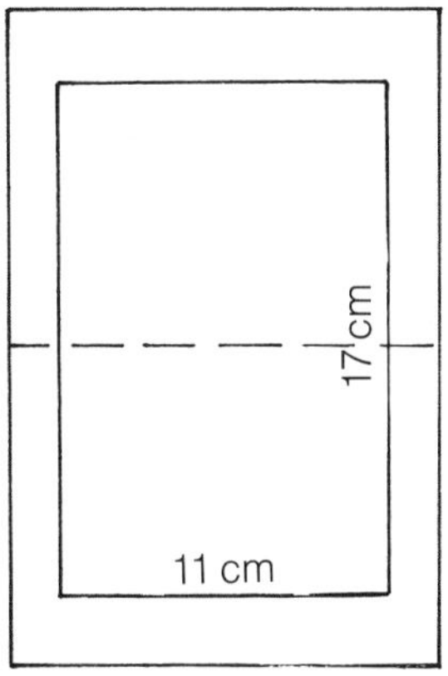

E

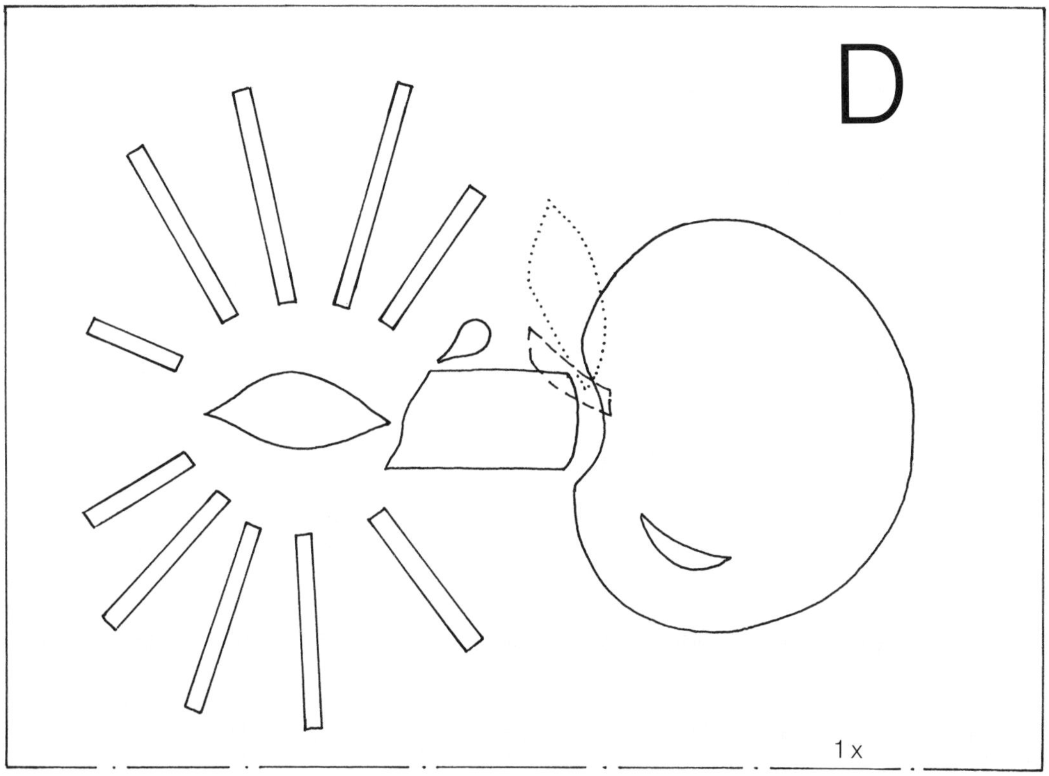

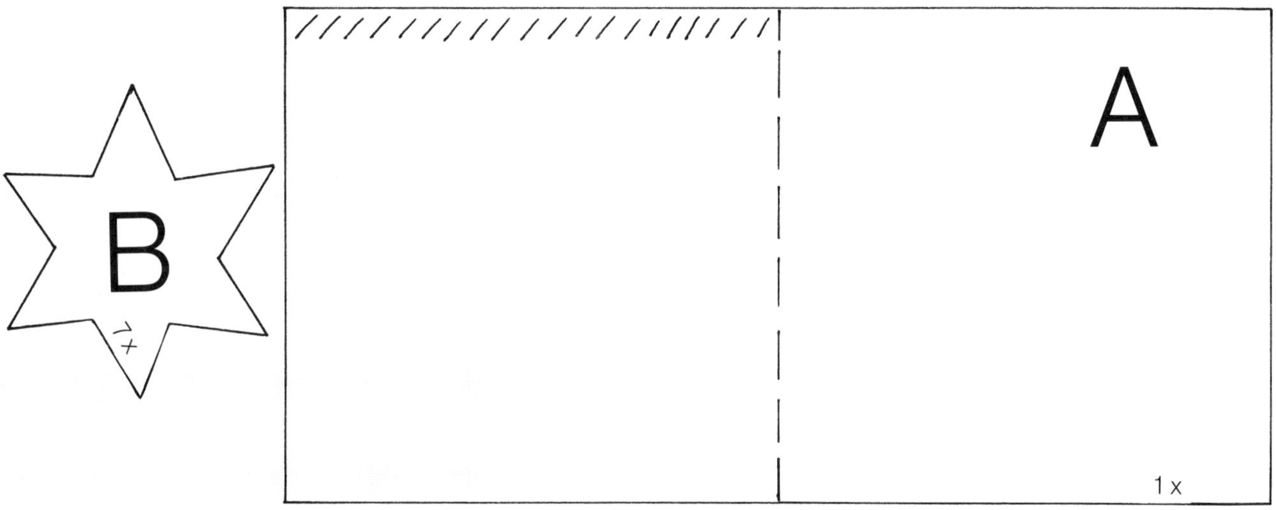

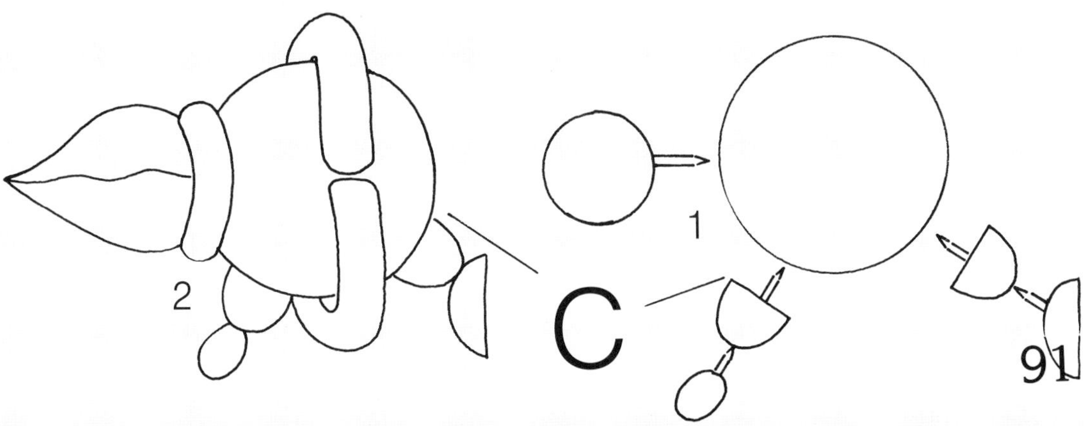

Hirte mit Schaf

Material

Hirte
1 Styroporkegel, 20cm hoch
1 Puppenkopf (Styropor), 19cm Umfang
1 Zahnstocher
Sisaldraht, 30cm lang
Filz in Hellbraun
Sackleinen:
Hemd, 40cm x 24cm
Ärmel, 2mal 10cm x 12cm
Wollfaden
Langhaarplüsch in Braun, 2mal 11cm x 5cm
Plakafarben

Schaf
1 Styroporei, 4cm lang
Sisaldraht, 90cm lang
Draht
Tesafilm
Filz in Hellbraun
Hochbauschwatte (Füllwatte)
Knopflochgarn in Weiß

Die Vorlagen und Bastelhilfen zu Hirte mit Schaf sind auf der Seite 94 zu finden:
Hirte:
E Hand
F Körperaufbau

Schaf:
A Körperform
B Beinform
C Ohr
D Fellumwicklung

Die Spitze des Styroporkegels schneiden wir ab und bohren 2cm tiefer mit einem dicken Bleistift Armlöcher vor, in die wir den Sisaldraht einschieben. Den Kopf stecken und leimen wir mit Hilfe eines Zahnstochers sowie Bastelleims auf und malen ihn hellbraun an. Die Augen setzen wir in Weiß mit blauen Pupillen in die Augenhöhlen und geben dem Mund und den Wangen einen warmen Rotton. Die Handvorlage schneiden wir 4mal aus dem hellbraunen Filz zu und kleben die Teile paarweise an den Rändern zusammen. Danach schieben wir die Hände auf die Armenden und kleben sie dort fest. Das Sackleinen vom Hemdzuschnitt kleben wir an den kürzeren Kanten übereinander, ziehen am oberen Rand einen Wollfaden ein und ziehen das Ganze dem Hirtenjungen über. Zeichnung F zeigt uns diesen Vorgang. Den Wollfaden zusammenziehen und verknoten. In Höhe der Arme weiten wir das lockere Sackleinengewebe etwas aus und fädeln die Arme hindurch. Jeden Ärmel kleben wir der Länge nach zu einem Ring zusammen, schieben diese dann über die Arme und kleben sie am Hemd fest. Die Plüschteile wie in der Zeichnung dargestellt zusammennähen und auf den Kopf kleben; dabei am Hinterkopf einschneiden und das Zuviel an Gewebe wie einen Abnäher übereinanderkleben.
Den Schafkörper legen bzw. biegen wir (Zeichnung A) in Form, das Kopfende formen wir mit Tesafilm zur Spitze, worauf wir dann das Styroporei stecken.
Wie in Zeichnung D dargestellt, nun die Beine am Körper befestigen und die Füllwatte über dem Körper festbinden. Die Ohren aus hellbraunem Filz aufkleben.

Schneemannmarionette

Zuerst pausen wir alle Vorlagen ab und übertragen die Körperteile A und B je 1mal, C und D je 2mal auf den Karton. Wir schneiden die Teile aus und knipsen die Markierungspunkte ein. Den Kopf, den Bauch und die Arme streichen wir mit Klebstoff ein; überziehen alles mit Watte. Die Stiefel schneiden wir noch 4mal aus dem Plüsch zu und bekleben die beiden Kartonstiefel damit; wir achten bereits beim Zuschnitt darauf, daß die Fellhaare vom Schaft zur Sohle hin liegen. Jetzt verbinden wir die Körperteile an den vorgestanzten Löchern mit einem Garn oder einem Wollfaden: einfach die Teile locker zusammenknoten. Die Nase schneiden wir aus dem orangefarbigen Tonkarton aus, rollen sie zu einem Kegel zusammen und kleben sie auf die Kopfmitte. Augen, Mund und Knöpfe bestehen aus schwarzem Filz. Jetzt schneiden wir das vordere Westenteil 2mal, das hintere Westenteil 1mal im Bruch entlang der Strich-Punkt-Strichlinie zu und kleben die Teile an Schulter sowie Seite 5mm übereinander, dann ziehen wir den Schneemann an. Ein langer, blauer Filzschal hält den Hals unseres kalten Freundes warm. Nun brauchen wir noch einen Schlapphut, den wir aus braunem Filz basteln. Hierzu schneiden wir von der Papprolle 4cm ab, bekleben den Rand bzw. überkleben eine Öffnung und setzen das Ganze auf einen Filzkreis mit 8cm Durchmesser. Am Kopfende des Schneemanns befestigen wir einen 50cm langen Faden, fädeln den Hut auf und kleben ihn am Kopf fest. Jetzt legen wir noch die Schaschlikspieße wie ein H übereinander und binden sie zusammen. Nun schneiden wir uns Spielfäden in der Länge von 2mal 70cm und 2mal 80cm zu. Die längeren Fäden befestigen wir an den Stiefelspitzen, die kürzeren an den äußeren Armenden. Diese Fäden führen wir dann alle zu unserem H-förmigen Spielholz und binden sie jeweils an den Enden fest. Den Kopffaden bringen wir in der Mitte an.

Material

Karton
Watte
Knopflochgarn
Plüsch in Schwarz
Filz: Braun, Blau, Violett und Schwarz
Tonkarton in Orange
Papprolle
3 Schaschlikspieße

Die Vorlagen zum Schneemann sind auf der Seite 95 zu finden:
A Kopf
B Bauch
C Arm
D Stiefel
E Nase
F Westenvorderteil
G Westenrückteil

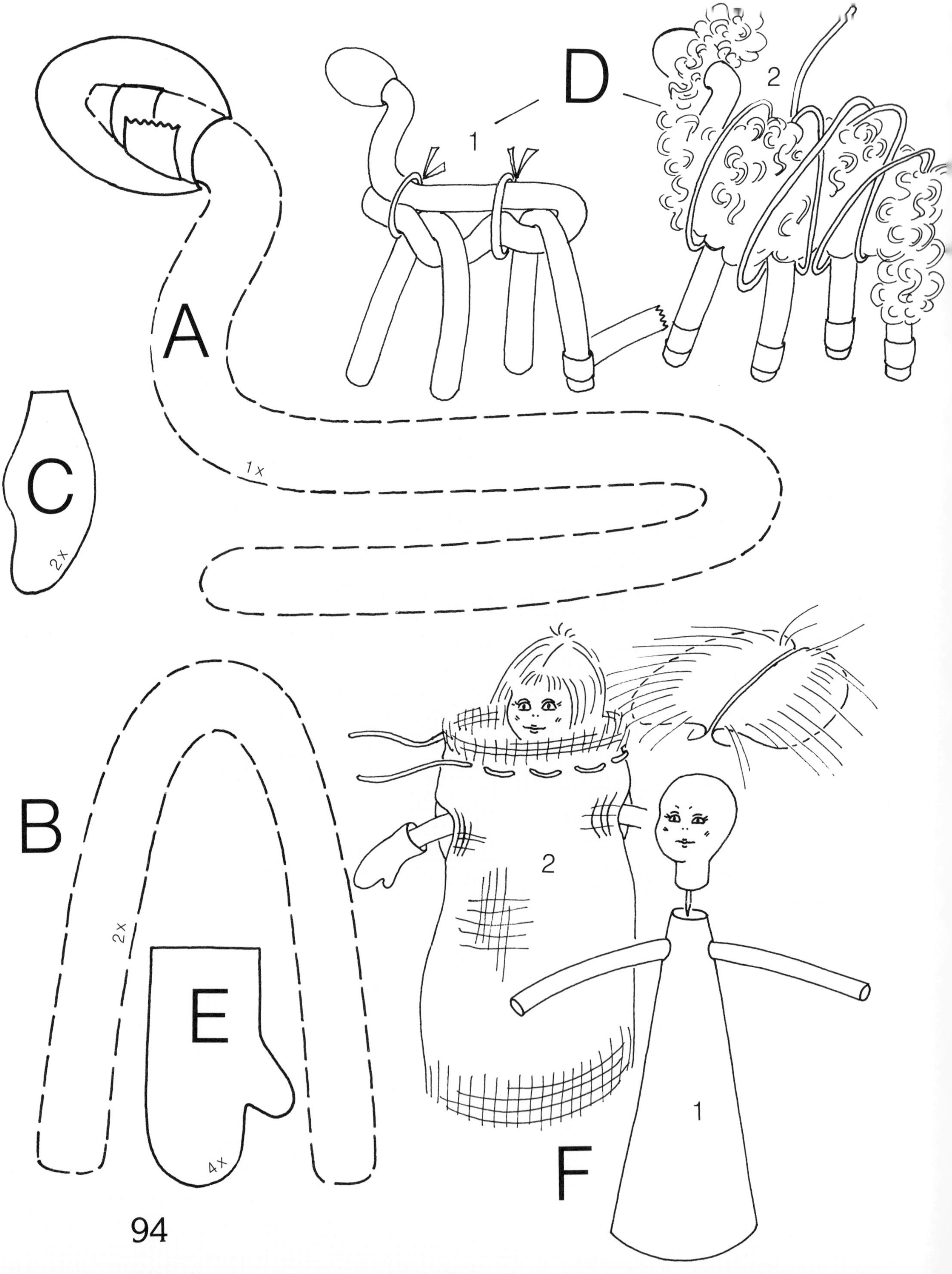

A
1x
B
2x
C
2x
D
1
2
E
4x
F
1
2

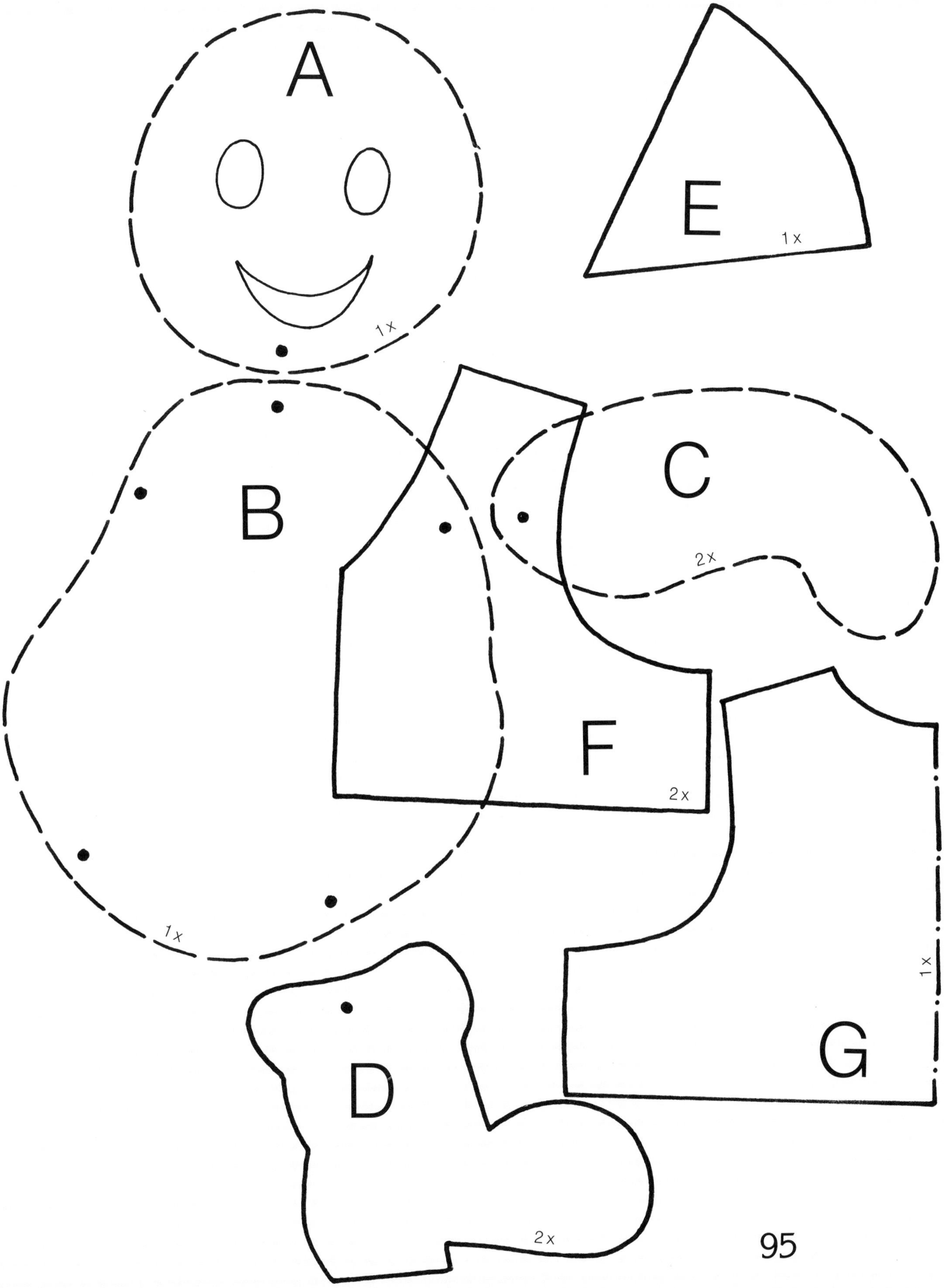
A
1x
E
1x
B
1x
C
2x
F
2x
G
1x
D
2x

Glitzernde Kreisel

Material

Sternkreisel
1 Styroporei, 6cm lang
1 Schaschlikspieß
Tonkarton in Weiß
Glitter in Gold

Strahlenkreisel
1 Styroporkugel, ⌀ 6cm
Lackfarbe in Blau
1 Schaschlikspieß
Zahnstocher
Trinkhalme: Weiß und Blau

Nikolauskreisel
1 Styroporei, 6cm lang
1 Styroporkugel, ⌀ 3cm
Metallfolie in Rot
Vlies
1 Schaschlikspieß
Plakafarben: Schwarz und Rosa

Nußkreisel
1 Walnuß
Plakafarbe in Gold
1 Zahnstocher

Die Vorlagen und eine Bastelhilfe zu diesen weihnachtlichen Kreiseln sind auf der Seite 98 zu finden:
A Vorlage für den Sternkreisel
B Nikolausmantel
C Nikolausmütze
D Nikolausaufbau

Beginnen wir mit dem Sternkreisel. Den Schaschlikspieß kürzen wir auf 11cm und stekken ihn durch das Styroporei, so daß die Spitze 1mm herausragt; einkleben. Anschließend streichen wir das Ei mit Bastelleim ein und streuen Glitter darüber; trocknen lassen. Den Stern schneiden wir aus dem Tonkarton aus und entfernen die Mitte. Den Innenrand schneiden wir gleichmäßig ein, knicken ihn um und bestreichen die Sternseiten nacheinander mit Bastelleim; darüber wiederum Glitter streuen. Wenn alles fest aufgetrocknet ist, schieben wir den Stern auf das Ei und decken den Einschnittrand mit Glitter ab.
In die Kugel des Strahlenkreisels stecken sowie kleben wir kreisförmig, 4,5cm lange Zahnstocherspitzen ein, die wir mit den Trinkhalmen überziehen; auch hier Bastelleim verwenden. Den 14cm langen Schaschlikspieß mittig durchstechen und die Spitze am anderen Ende 2mm herausschauen lassen; mit Bastelleim einkleben.
Wir schneiden beim Ei des Nikolauskreisels ein Viertel weg. Stecken dann den 11cm langen Schaschlikspieß durch die Kopfkugel sowie durch das Körperei und lassen die Spitze am anderen Ende 1mm herausschauen. Ei und Kopf jetzt anmalen. Mütze und Mäntelchen aus der Metallfolie ausschneiden und an den geraden Kanten zusammenkleben, dann die innere Kreiskante einschneiden. Mäntelchen und Mütze ziehen wir jetzt über und kleben sie am Körper sowie am Kopf fest. Vlies als Pelzbesatz und einen Bart aufkleben.
Wir stecken und kleben eine 4cm lange Zahnstocherspitze in das stumpfe Ende einer Walnuß, malen diese goldfarbig an und schon kann der Kreisel über den Tisch huschen.

Fadenzugspiel

Wir pausen die Vorlagen ab, legen sie auf das Sperrholz, zeichnen die äußeren Konturen nach und schneiden diese dann mit einer Laubsäge aus. Die Kanten runden wir mit einem feinkörnigen Schleifpapier ab. Jetzt legen wir die Vorlagen erneut auf und übertragen die inneren Konturen mit Hilfe eines Pauspapiers. Jetzt malen wir den Nikolaus sowie den Sack in den Farben an, die auf dem Foto deutlich zu erkennen sind. Nachdem alle Teile trocken sind, bohren wir am unteren Teil des Oberkörpers und am oberen Teil der Beine die Holzseiten schräg durch; unterbrochene Linie bei Vorlage E und F. Wir ziehen an diesen Stellen je einen 30cm langen Wollfaden durch und verknoten ein Ende. Weiterhin bohren wir 3mm große Löcher gemäß den Markierungspunkten beim Oberkörper und den Beinen. Jetzt legen wir den Sack mit der Farbfläche nach unten auf den Tisch und schrauben die Beine sowie den Oberkörper wie in Zeichnung H dargestellt mit Ringschrauben auf; darauf achten, daß die Löcher exakt auf den Markierungspunkten vom Sack liegen. Eine Ringschraube bringen wir noch als Aufhängung am Ball an. Zum Schluß führen wir die Fäden gleichmäßig nach unten zusammen und verknoten sie dort.

Material
Sperrholz, 5mm stark
3 Ringschrauben
Wollfaden
Lackfarben: Rot, Grün, Gelb, Schwarz, Braun, Blau und Weiß

Die Vorlagen sowie eine Arbeitshilfe zu dem Federspiel sind auf den Seiten 98 und 99 zu finden:
E Oberkörper
F Beine
G Sack
H Zusammenbau und Fadenanbringung

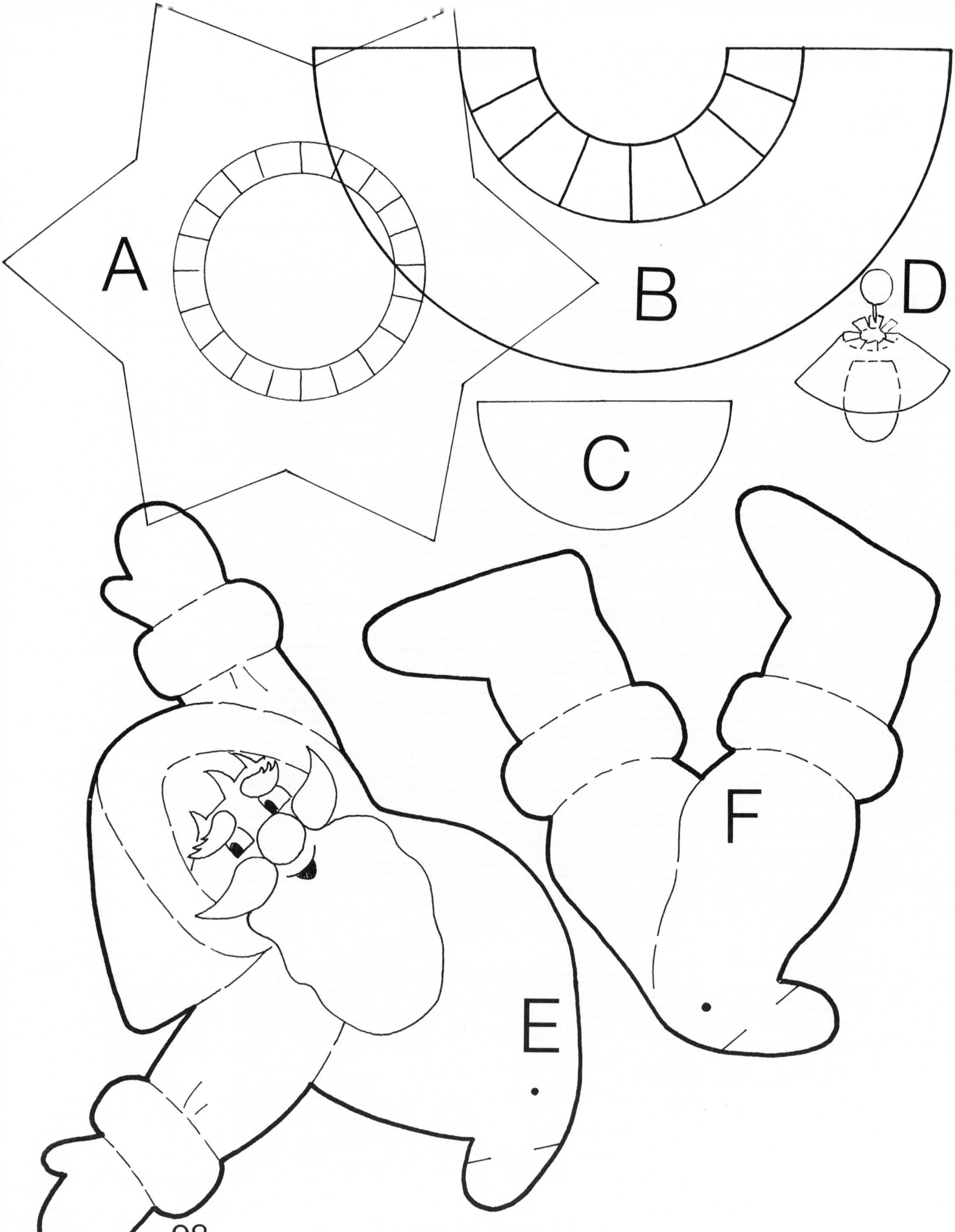
A
B
D
C
F
E

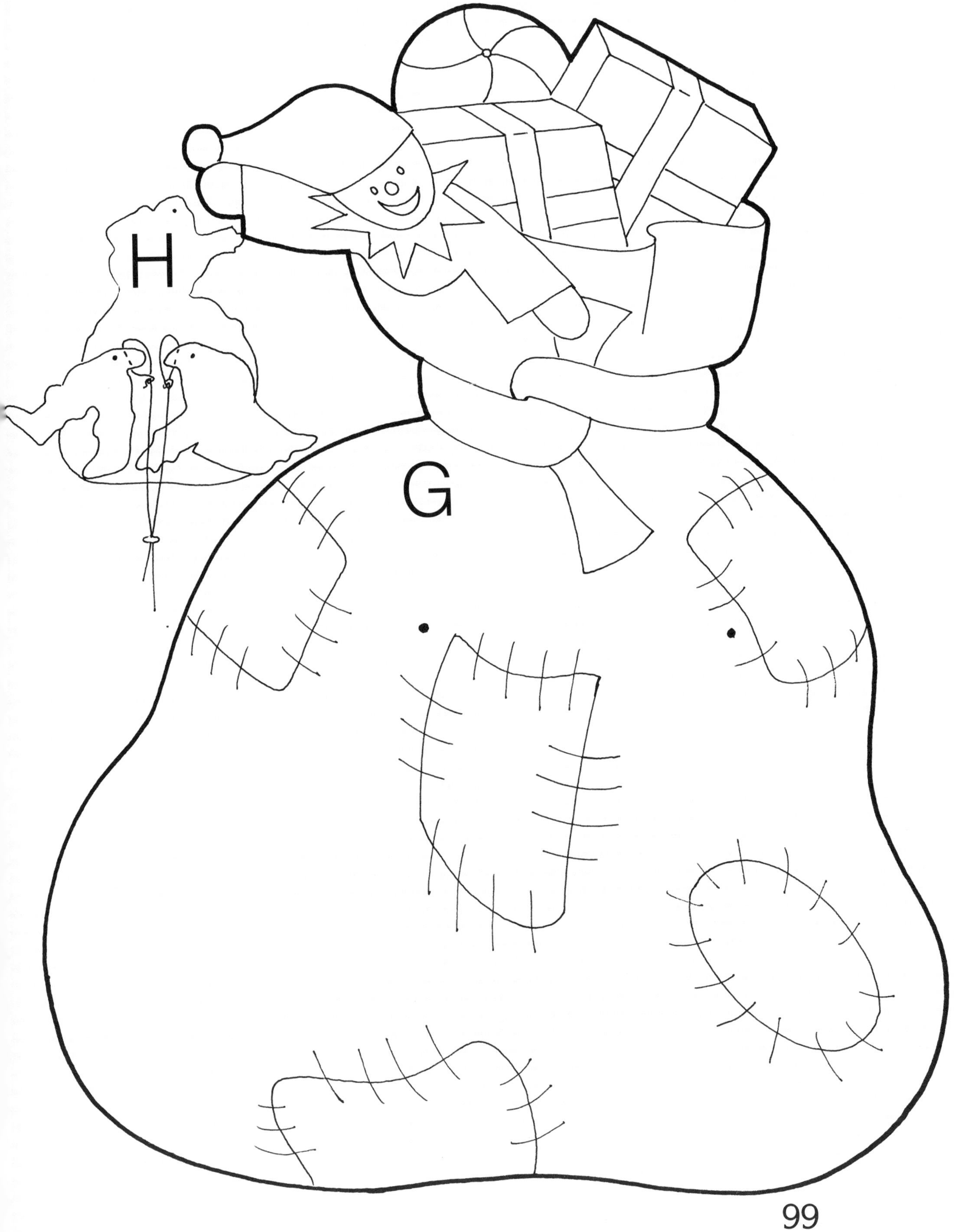
H
G

Nikolausaugenspiel

Material
Tonkarton: Rot, Schwarz, Hellbraun und Weiß
Filz in Weiß
Glittersterne

Den Nikolaus pausen wir komplett ab und übertragen die einzelnen Teile auf die betreffende Tonkartonfarbe: Körper und Mütze je 2mal auf Rot, Kopf und Nase je 1mal auf Hellbraun, Hände und Stiefel je 1mal auf Schwarz. Die Pelzbesätze je 2mal, den Bart sowie den Schnurrbart je 1mal aus dem weißen Filz zuschneiden. Als nächstes nehmen wir den Kopf und entfernen die Augenhöhlen sowie die Mundöffnung (gestrichelte Linien). Die beiden Körperteile kleben wir zusammen und schieben dabei die Hände, den Kopf und die Stiefel ein. Jetzt schneiden wir den Schiebestreifen für die Augen 2mal aus weißem Tonkarton in der Größe von 3cm x 24cm zu und kleben beide Teile zusammen. Die Augen und die Mundstellung malen wir wie in der Vorlage C gezeichnet in gleichen Abständen auf. Wir brauchen nun noch das Schuberteil (von Vorlage C das stark umrandete Rechteck), das wir aus dem roten Tonkarton ausschneiden und knappkantig auf den unteren Rand eines Mützenteils kleben. Das andere Mützenteil kleben wir von vorne her am Kopf an, drehen dann den Nikolaus um, so daß sein Gesicht nach unten auf dem Tisch liegt, legen den weißen Augenstreifen der Länge nach über Kopf und Körper und kleben dann das Mützenteil mit dem Schuber darüber. Beim Aufkleben des letzten Teils nur die Seiten mit Klebstoff einstreichen; hierzu hilft die Zeichnung D, denn die Schraffurfläche zeigt die Klebefläche an. Der Augenstreifen bleibt so zwischen Körper und Schuber beweglich. Zum Schluß kleben wir noch die Pelzbesätze, den Bart und den Schnurrbart auf und verteilen Glittersternchen darüber.

Die Vorlagen zum Nikolaus und eine Bastelhilfe sind auf der Seite 102 zu finden:
A Nikolaus
C Augenschiebestreifen und Schuber
D Rückenansicht

Mein Tip!

Die Augen in verschiedenen Farben aufmalen und den Mund in Rot.

Überraschungspäckchen

Wir beginnen mit der Lokomotive. Hierzu pausen wir die Vorlagen F, G, H sowie J ab und übertragen das Führerhaus sowie das Waggonteil 1mal auf den grünen Tonkarton; das Waggonteil ein weiteres Mal auf den blauen und auf den roten Karton. Alle Teile entlang den gestrichelten Linien umknicken und an den Ecken zusammenkleben. Auf den Verschluß des Führerhauses kleben wir noch ein 5cm x 5cm großes, grünes Tonkartonquadrat. Den grünen Waggon kleben wir an das Führerhaus und setzen noch beide Schornsteine auf. Die anderen Waggons kleben wir mit kleinen Kartonröllchen dazwischen aneinander. Aus dem schwarzen Tonkarton schneiden wir noch 8 Räder aus und kleben sie an Lok und Waggons. Wer will, kann alles noch mit Glitter verzieren.

Die quadratischen Päckchen werden vor dem Zusammenkleben mit einem Stück Stoff bzw. einer Metallfolie überzogen.

Den Nikolaus fertigen wir aus einer Papprolle und dem Boden der Vorlage C an, dessen Kante eingeschnitten, umgeknickt und innerhalb der Rolle angeklebt wird. Dann wickeln wir die Rolle mit rotem Filz ein und kleben diesen daran fest; Filzgröße: 16,5cm x 18cm. Die Arme schneiden wir aus rotem Filz zu, das Gesicht und die Pelzbesätze aus weißem Filz.

Material
Tonkarton: Rot, Blau, Grün und Schwarz
1 Papprolle, 10cm lang
Filz: Weiß und Rot
Glitter in Silber
Stoffreste
Metallfolie in Blau

Die Vorlagen und eine Bastelhilfe zu diesen Päckchen sind auf der Seite 103 zu finden:
A kleines Päckchen
B Aufbau des Nikolauspäckchens
C Boden des Nikolauspäckchens
D Gesicht vom Nikolaus
E Arm vom Nikolaus
F Führerhaus der Lokomotive
G Vorderteil der Lokomotive und gleichzeitig Waggonvorlage
H kleiner und großer Schornstein
J Radvorlage

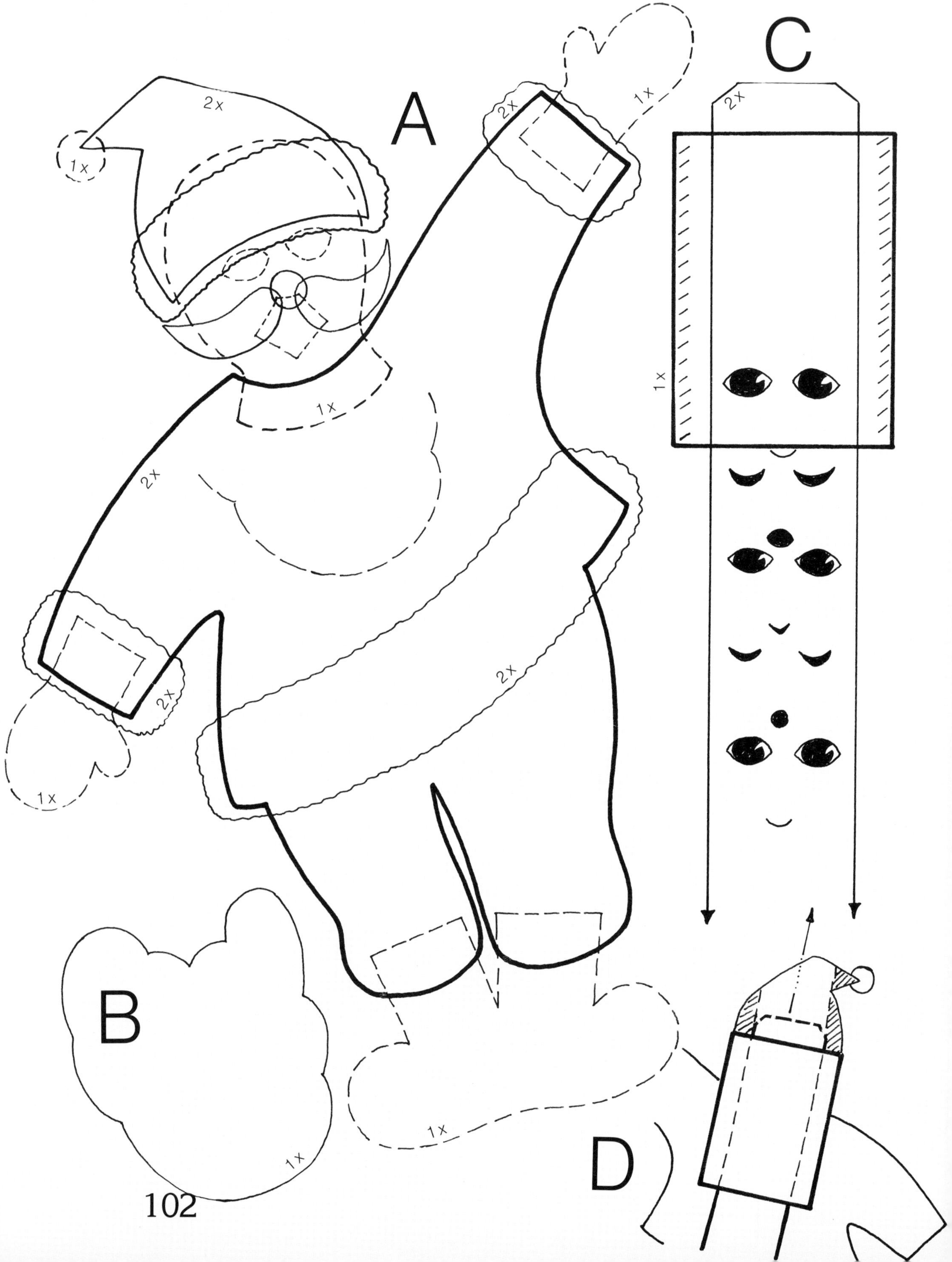
A
2x
1x
2x
1x
1x
2x
2x
2x
1x
1x
B
1x
1x
C
2x
1x
D

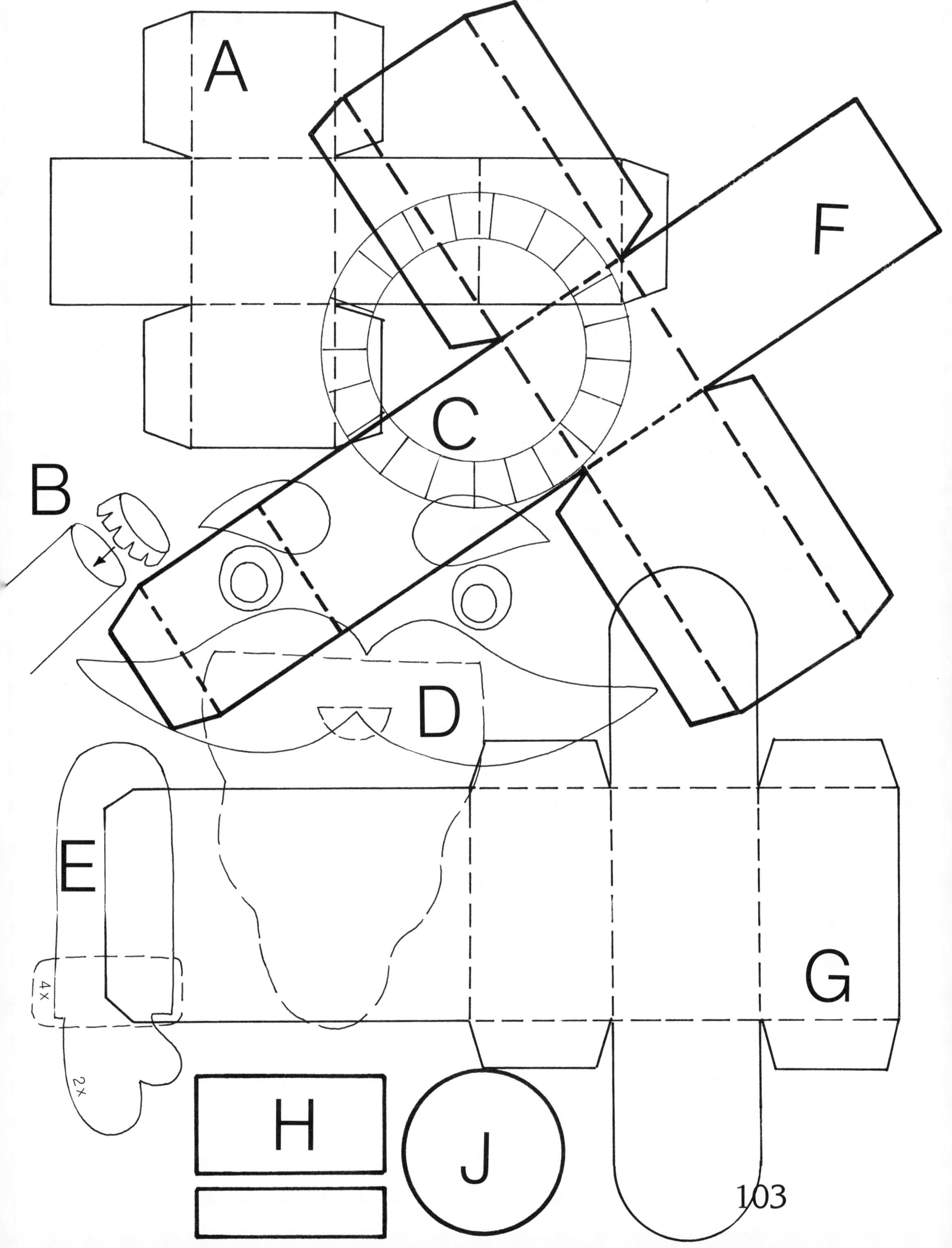
A
F
C
B
D
E
4x
2x
G
H
J

Christbaum-schmuck und Krippen

Bunter Strohschmuck

Material
Strohhalme, gefärbt
Nähgarn

Die Vorlagen zum bunten Strohschmuck sind auf der Seite 108 zu finden:
A Aufbau Strohball
B Arbeitsweise Strohsternschlaufen
C Aufbaumöglichkeit eines Strahlensterns

Zuerst weichen wir die Strohhalme in Wasser ein und lassen sie 1 Std. durchziehen. Danach schlitzen wir sie auf und bügeln sie flächig; hierbei verwenden wir eine Stoffrestunterlage und einen weiteren Stoffrest zum Schutz der Bügeleisenfläche, denn die Halme können abfärben.
Kleinere Strohbälle basteln wir wie in Zeichnung A dargestellt aus vier 15cm langen, gebügelten Strohstreifen; die größeren Strohbälle aus vier bis fünf 20cm langem Stroh. Wir legen die Streifen in der Mitte über Kreuz zusammen und schlagen die Enden nach oben zu einem Ring übereinander. Wäscheklammern halten die jeweiligen Verbindungen zusammen, bis der Klebstoff trocken ist.
Die Strahlensterne mit eingesteckten Strohschlaufen sind anhand der Zeichnungen B und C leicht nachzumachen. Hier kleben wir zwei 10cm lange flachgebügelte Halme kreuzweise übereinander und kleben 6cm lange, dünne Strohstreifen in einem Kreis angeordnet dazwischen auf. Das Ganze wird dann noch durch zwei 6cm lange, flachgebügelte, an den Enden eingeschnittene Strohhalme durch Überkleben abgesichert. Für die Schlaufen schneiden wir uns 9cm lange schmale Streifen zu, legen diese zu Schlaufen und stecken die Enden mit etwas Klebstoff in 5cm lange Strohhalmröhrchen; wieder über Kreuz dazukleben und mit Wäscheklammern zusammenpressen. Die Sterne auf dem Foto habe ich alle nach diesem Schema angefertigt.
Die Strohlänge eines Kettenringes beträgt 14cm. Hängt so viele Ringe aneinander, wie ihr wollt.
Der kleine Turm besteht aus 6cm langen Röhrchen, die wir paarweise abwechselnd übereinanderkleben. Da wir große Tropfen Klebstoff an den Verbindungsstellen auftragen, dauert es etwas, bis das Teil aufgehängt werden kann.
Eine weitere Möglichkeit ist wiederum, 5 - 6cm lange Röhrchen bunt gemischt an einem Faden aufzureihen.

Natürlicher Strohschmuck

Material
Strohhalme
Geschenkschnur
Nähgarn
Perlen
kleine Blüten von künstlichen Blumen

Die Vorlagen bzw. Bastelhilfen zu dem natürlichen Strohschmuck sind auf der Seite 109 zu finden:
A Verbindung der Strohstreifen mit Garn
B Verbindung der Strohhalme mit einer Geschenkschnur
C Arbeitshilfe und Vorlage der Strohharfe
D Aufbau des Kometen

Diese Sterne werden zum Teil zusammengeklebt oder mit einem Garn zusammengebunden; die einfachste Art ist in Zeichnung A dargestellt. Wir bügeln die Strohhalme wie beim bunten Strohschmuck beschrieben, schneiden vier 10cm lange Streifen zu, legen diese kreuzweise übereinander und befestigen an einem Streifen ein Fadenende mit einem Tesafilm. Jetzt führen wir das restliche Fadenende, wie im ersten Arbeitsschritt der Vorlage dargestellt, um die einzelnen Strohstreifen herum, so daß der Faden einmal oben und einmal unten liegt. Den letzten Streifen umwickeln wir 1mal komplett und führen den Faden diesmal streifenversetzt wieder zum Ausgangspunkt zurück. Dort verknoten wir ihn mit dem Fadenanfang; der zweite Arbeitsschritt zeigt diese Verbindungsart.
Bei dem Stern mit den Blüten verwenden wir 8 Strohhalmröhrchen, die ebenfalls 10cm lang sind. Diese legen wir strahlenförmig übereinander und halten sie in der Mitte mit zwei Stecknadeln zusammen; Zeichnung B. Wie beim vorangegangenen Stern wird hier an Stelle des Fadens die Geschenkschnur angelegt und abwechselnd um die Halme geführt. Wir markieren uns einen Halm, den wir als Wendepunkt benützen; Zeichnung B zeigt den genauen Wikkelverlauf.
Die Strohharfe von Zeichnung C ist in Originalgröße dargestellt. Wir binden drei Halme zu einem Dreieck zusammen und verzieren die anderen mit Perlen. Die Strohstreifen des Kometen haben eine Länge von 17cm, die des Schweifes 20cm. Haltet euch an Zeichnung D.

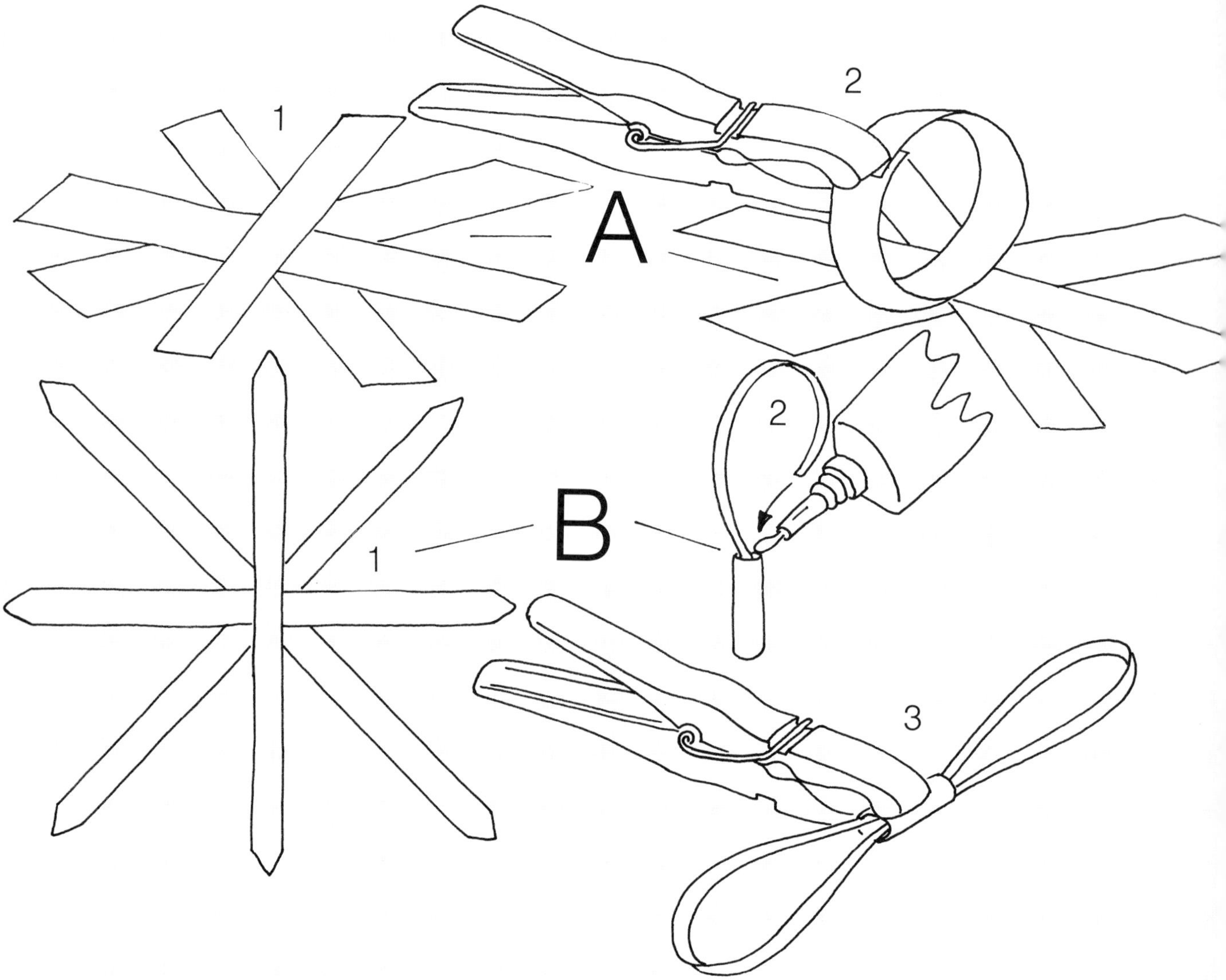
1
2
A
2
B
1
3

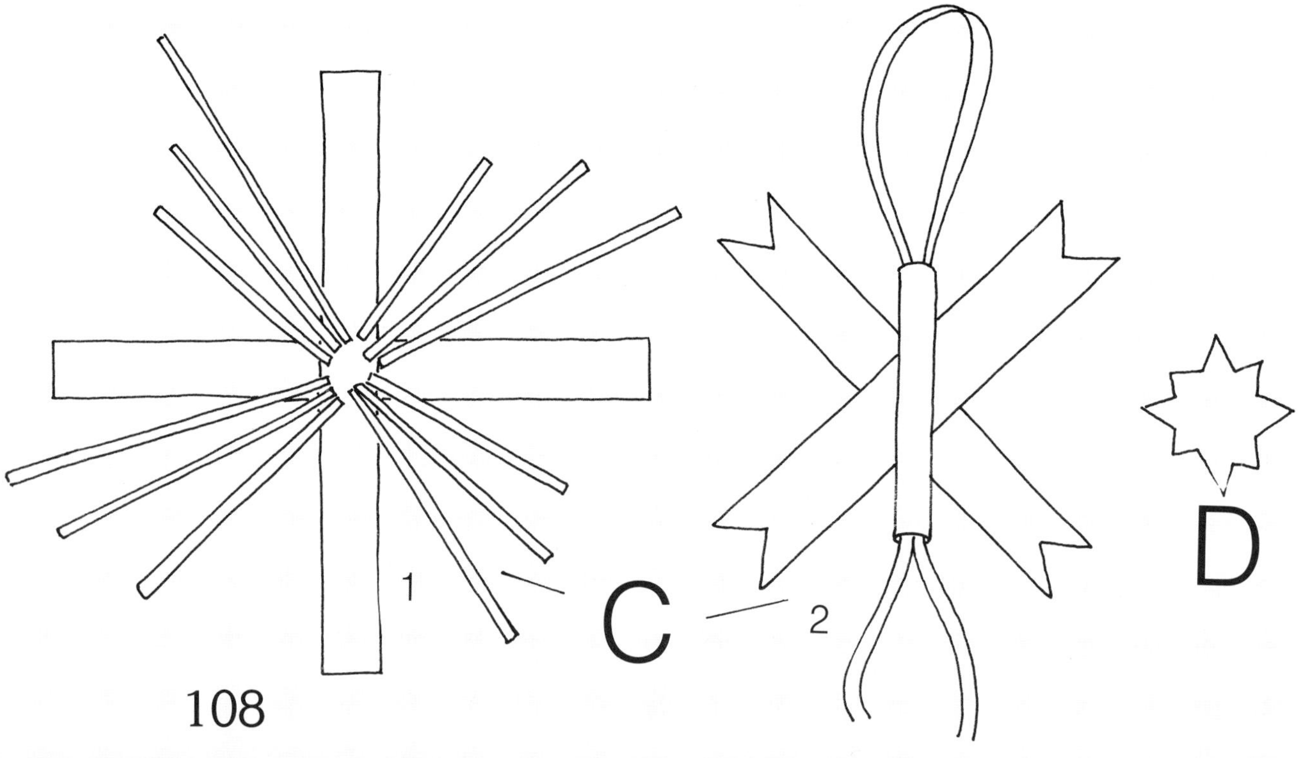
1
C
2
D

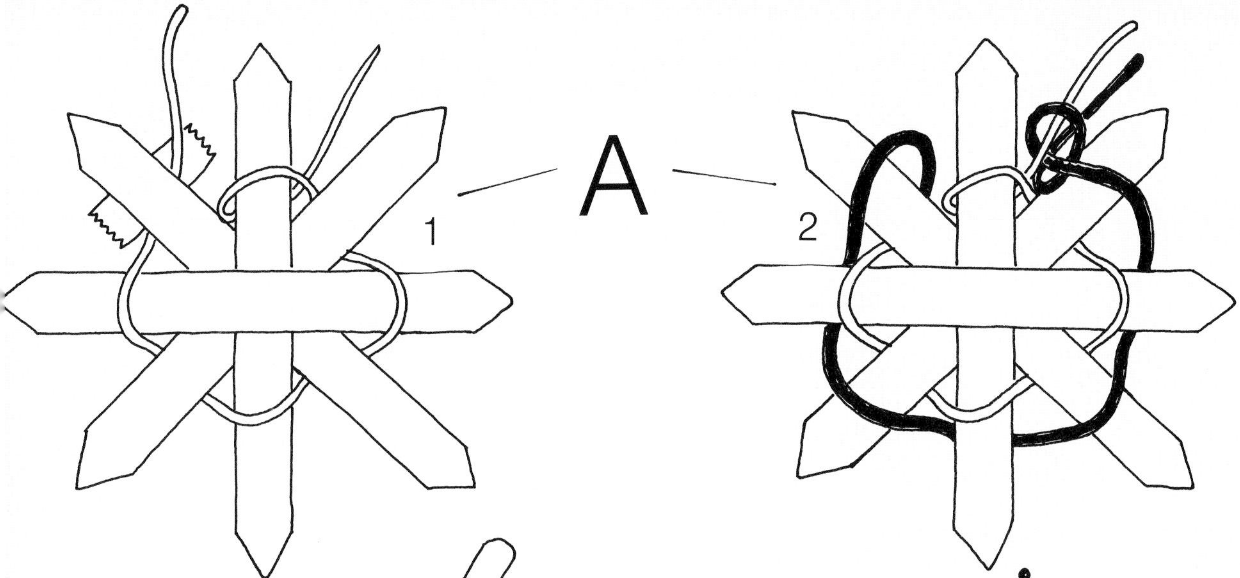
A
1
2

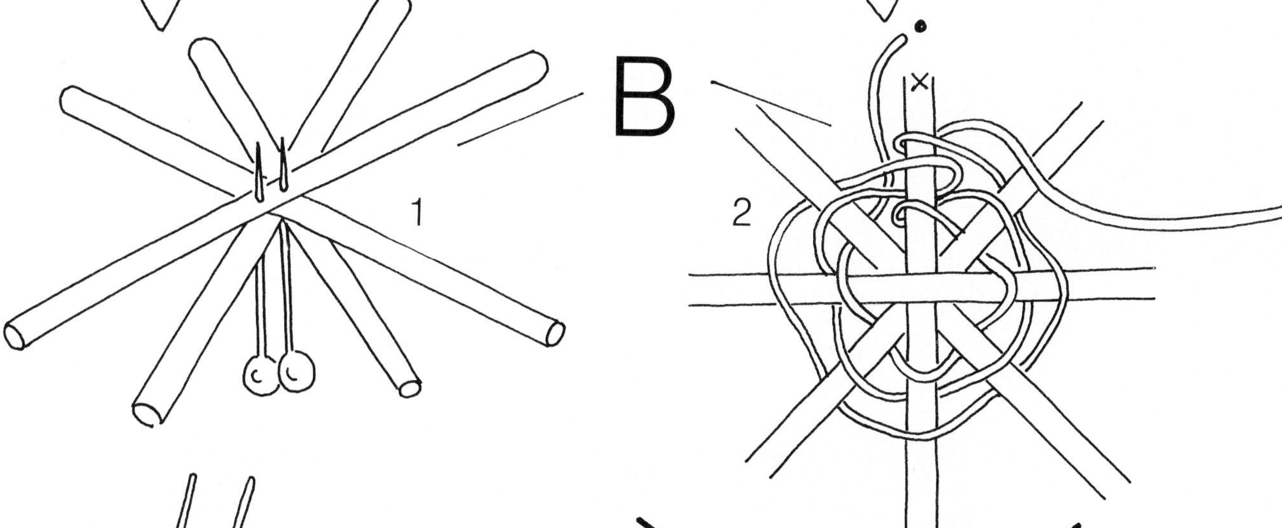
B
1
2

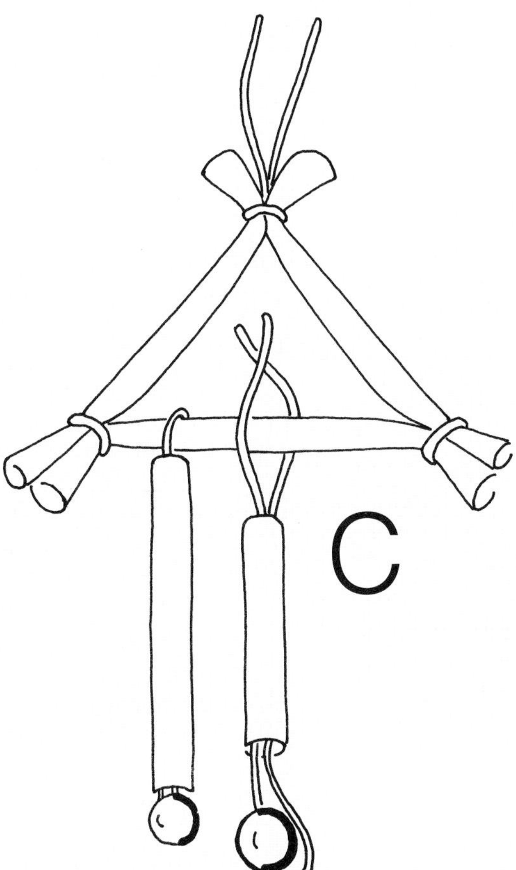
C

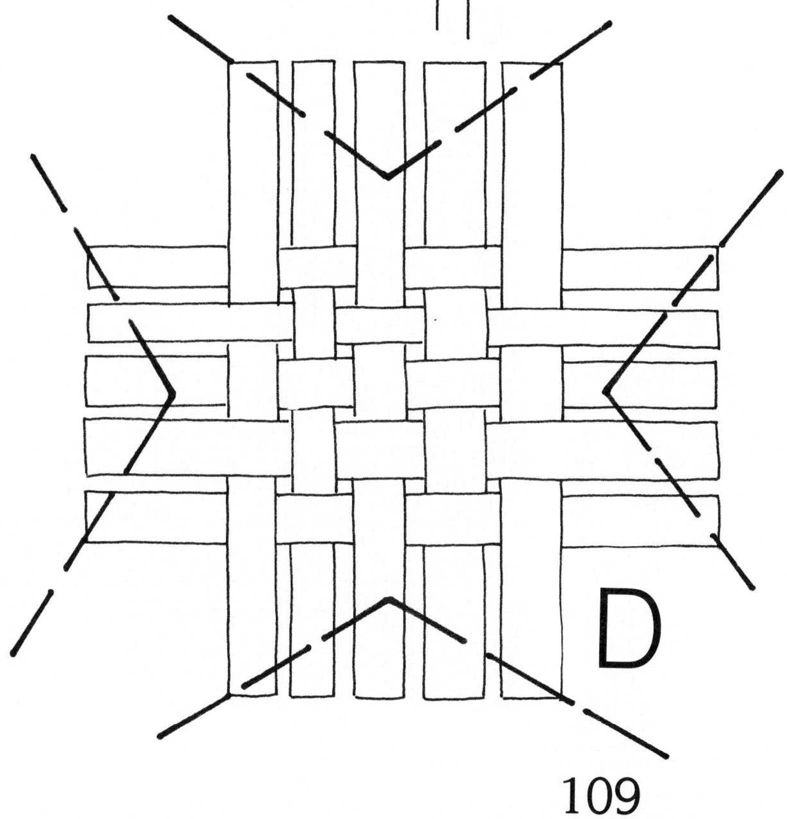
D

Folienschmuck

Material
Metallfolie: Rot, Blau, Violett, Lila und Gold
Perlen

Wir übertragen die jeweiligen Vorlagen auf unsere Metallfolien und schneiden sie entlang des äußeren Kreises aus. Beim blauen Stern schneiden wir den Mittelkreis heraus, schneiden sowohl den Außenrand wie auch den inneren Kreisrand ein und rollen die einzelnen Felder wie in Zeichnung A dargestellt ein; ein Holzstäbchen dient uns als Wickelhilfe.
Beim roten Stern schneiden wir die eingezeichneten Linien bis zum Rand des Mittelkreises ein und rollen die großen Flächen von beiden Seiten her über einem Bleistift ein; die schmalen Streifen rollen wir zur Mitte hin ein.
Beim violetten Stern schneiden wir den Mittelkreis heraus, schneiden von der äußeren Kreiskante bis zum nächsten Kreisrand gleichmäßig ein und rollen die Flächen von einer Seite beginnend mit Hilfe eines Holzstäbchens bzw. Schaschlikspießes ein.
Beim goldenen Stern verwenden wir ebenfalls Vorlage C, schneiden aber nur den Kreisrand gleichmäßig ein und kleben eine Perle in die Mitte. Die Spiralen entstehen aus der Vorlage D. Einen Bleistift an der Spitze anlegen und schräg einrollen.
Die große Glocke besteht aus den Halbkreisen 4, 3 und 2 der Vorlage E; die kleinere Glocke aus den Halbkreisen 3, 2 und 1. Die zu Hütchen zusammengeklebten Teile in obiger aufgeführter Reihenfolge an einem Faden aufreihen; Glasperlen verzieren den Aufhängefaden.

Die Vorlagen und gleichzeitig auch Bastelhilfen zum Folienschmuck sind auf den Seiten 112 und 113 zu finden:
A blauer Stern
B roter Stern
C violetter Stern und goldener Stern
D Spiralen
E Glocken

Wachsschmuck

Beginnen wir mit dem leichtesten Wachsring. Wir schneiden uns drei 33cm lange rote Wachsschnüre zu, fassen sie an einem Ende mit einem Geschenkband zusammen und drehen die restlichen Schnurlängen immer in gleicher Richtung um sich selbst. Die Enden legen wir übereinander und binden sie wiederum mit einem Geschenkband zusammen. Ein rotes Tüllband zur Schleife gebunden verdeckt die Überlappungskante. Jetzt noch ein weihnachtliches Figürchen einhängen.
Beim Doppelring schneiden wir uns drei 25cm lange rote sowie drei 35cm lange graue Wachsschnüre zu. Wir binden jeweils die Enden zusammen und flechten zwei Zöpfe; Zeichnung F zeigt den Flechtvorgang. Anschließend die Enden übereinanderlegen und zusammenbinden; mit einem Faden ineinanderhängen und mit Glöckchen sowie Schleifenband verzieren.
Beim tropfenförmigen Wachsschmuck brauchen wir jeweils drei 35cm lange rote und silbergraue Schnüre, die wir paarweise mischen und miteinander verflechten; auch hier hilft Zeichnung F, nur haben wir an Stelle von einer Schnur jetzt zwei Schnüre pro Legung. Die Enden über Kreuz zusammenbinden und mit einer silbrigen Taube verzieren.
Die Hufeisenform wird aus neun 40cm langen roten Schnüren geflochten; jeweils drei Schnüre zusammenfassen. Formen und verzieren.

Material
Wachsschnüre: Rot und Silbergrau
Geschenkbänder
Schleifenbänder

Die Bastelhilfen sind auf der Seite 113 zu finden:
F Flechtvorgang
G spiralförmige Drehung beim einfachen Wachsring

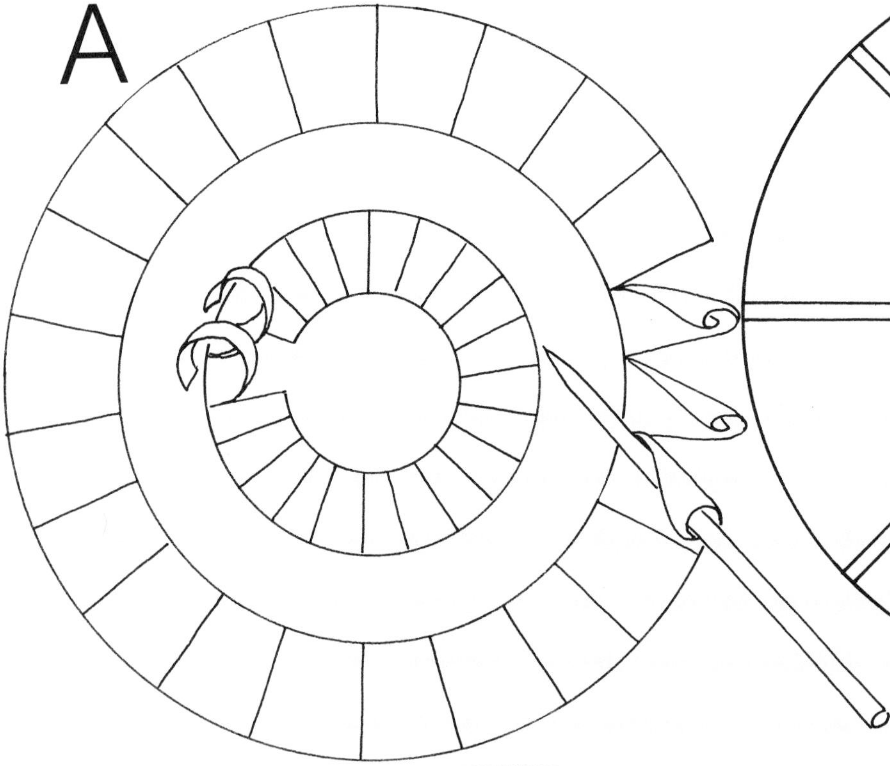
A

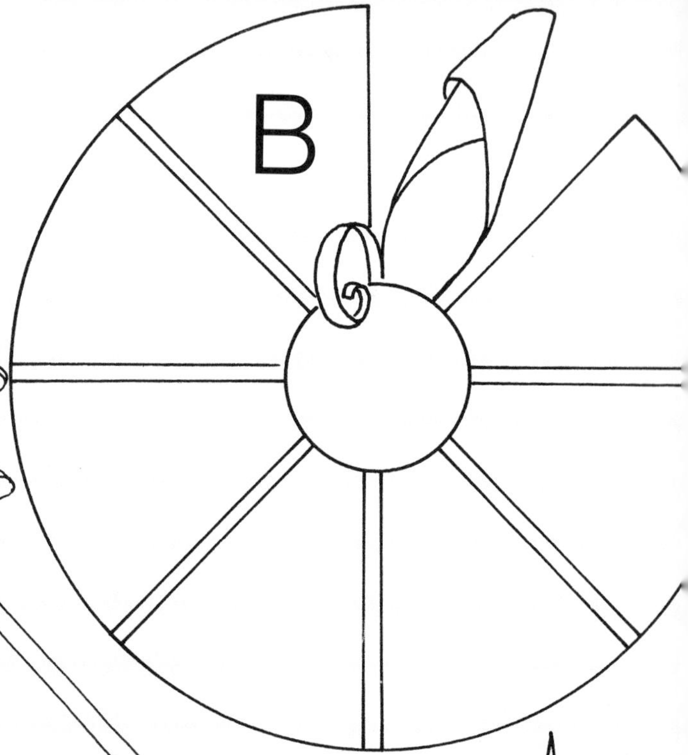
B

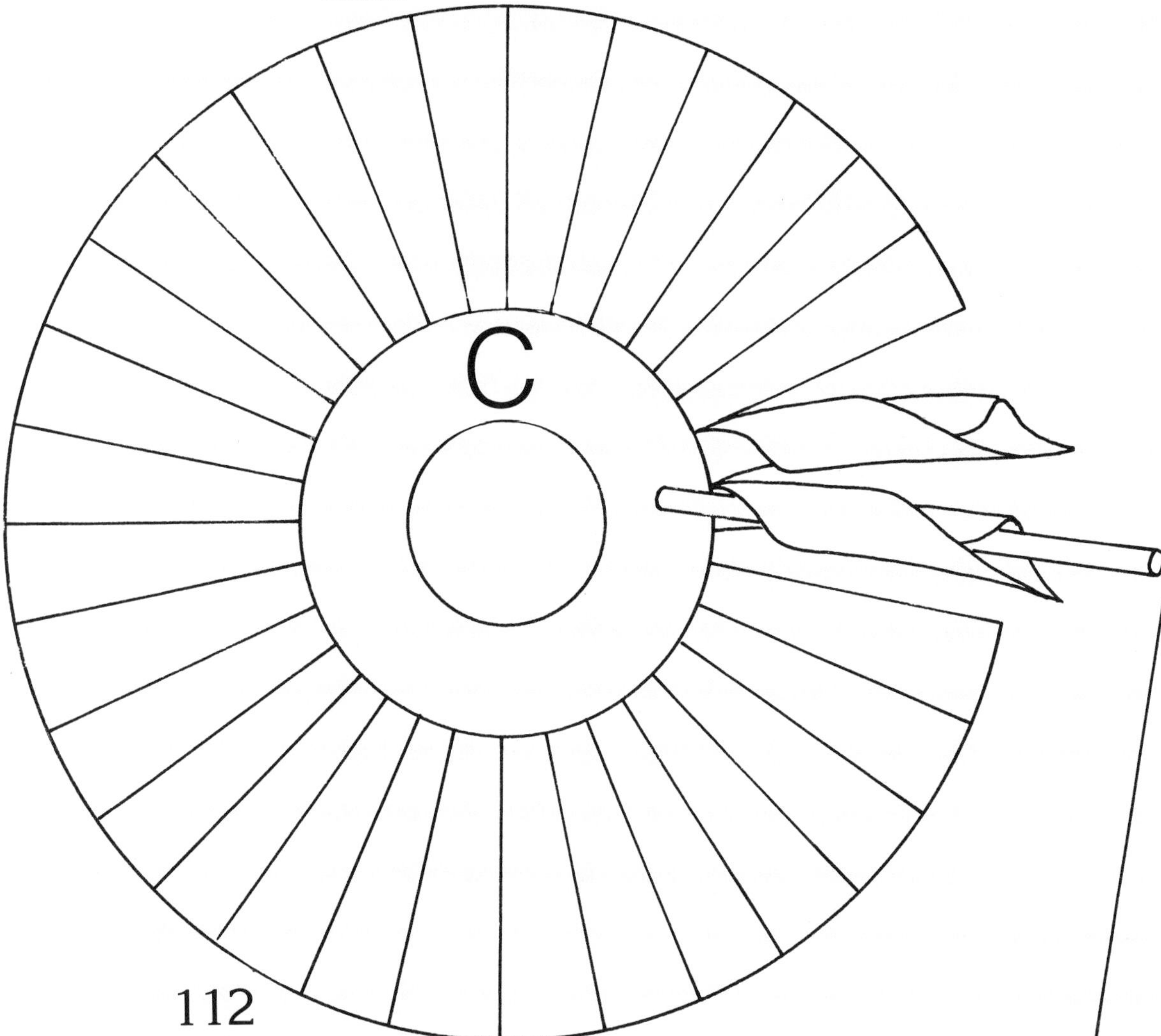
C

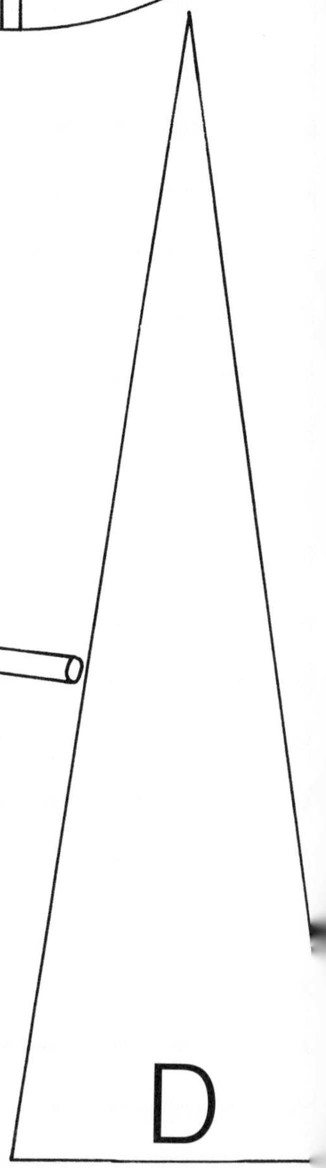
D

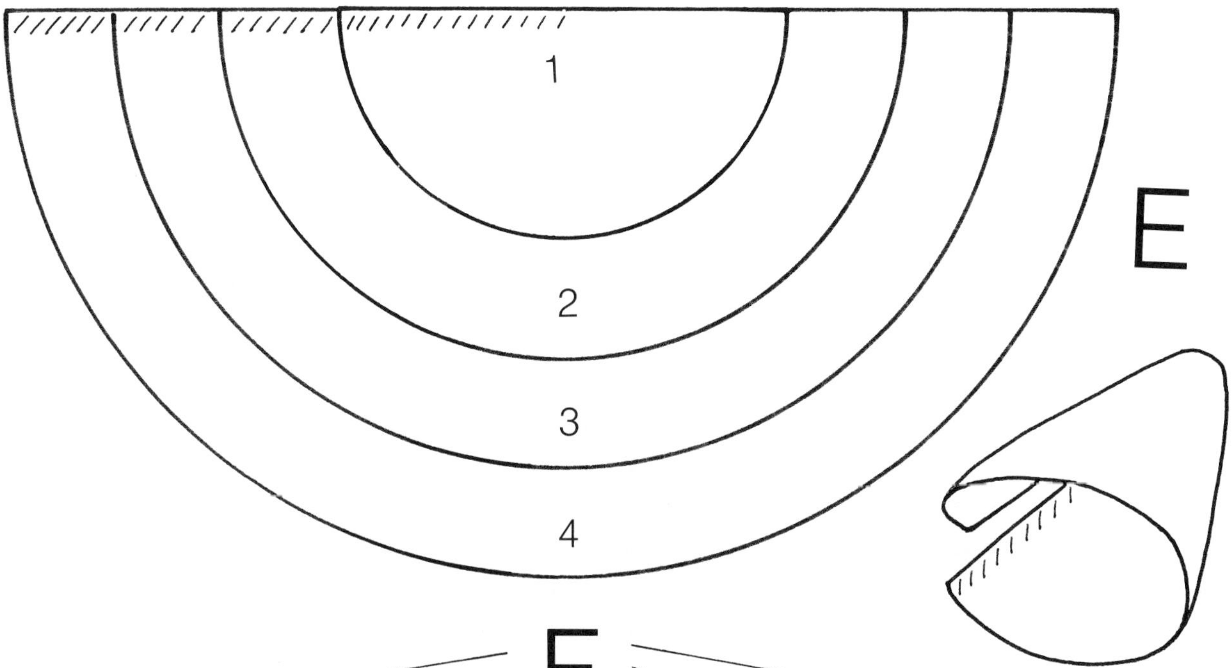
E
1
2
3
4

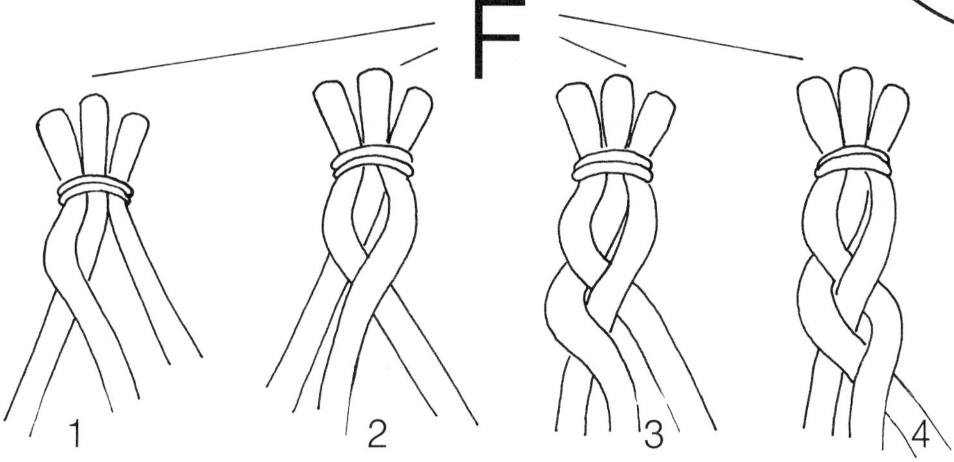
F
1
2
3
4

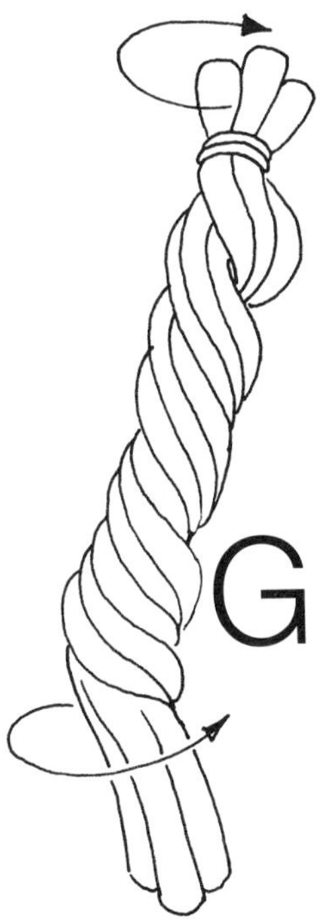
G

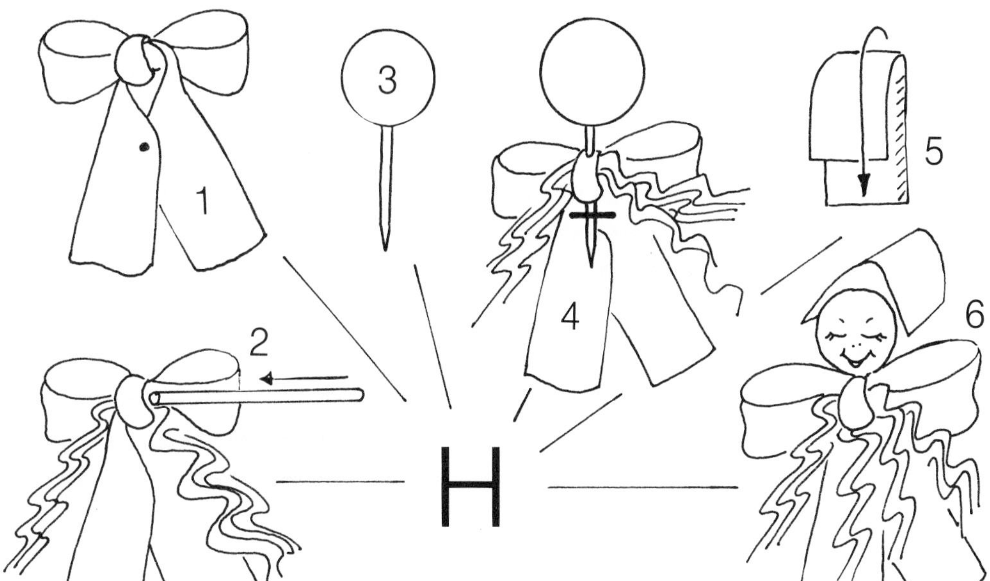
H
1
2
3
4
5
6

Schleifenengel

<u>Material für einen Engel</u>
1 Wattekugel, ⌀ 2,5cm
1 Zahnstocher
Engelshaar
Schleifenband, 4cm breit

Bei der Anfertigung der Engel halten wir uns am besten an Zeichnung H auf Seite 113. Wir binden eine Schleife mit ca. 13cm Spannweite und stekken mit Hilfe eines Holzstäbchens Engelshaar am Schleifenknoten durch. Den Zahnstocher stecken wir mit einem Ende in die Wattekugel, mit dem anderen Ende wiederum in den Schleifenknoten und zwicken das herausstehende Holzstück ab; beim Einstekken des Zahnstochers Klebstoff nicht vergessen! Für die Kopfbedeckung schneiden wir uns 8cm vom Schleifenband ab, legen es hälftig zusammen und kleben eine Seite davon zusammen, so daß ein Hütchen entsteht. Letzteres wiederum kleben wir auf den Kopf des Engels und malen ihm noch ein freundliches Gesicht auf.

Mein Tip!

Diese Schleifenengel sind schnell gebastelt. Einen Tannenbaum ausschließlich mit ihnen und ein paar Schleifensternchen behangen sieht im Lichterschein der Kerzen einfach himmlisch aus.

Die Schritt-für-Schritt Bastelhilfe zum Schleifenengel ist auf der Seite 113 zu finden:
H Aufbau des Engels

Fimokrippe

Wir wärmen die Knetmasse mit den Händen an und formen bei allen Teilen erstmals Kugeln. Je nachdem welches Körperteil zu formen ist, dementsprechend groß oder klein sollte diese Fimokugel sein. Wir halten uns an die Zeichnungen auf Seite 118, um eine Vorstellung der Größenordnung zu bekommen; die dargestellten Figurformen zeigen die Originalgröße. Wir setzen die Körper laut den Vorlagen zusammen. Die Armteile werden an den dünneren Enden für die Hände flachgedrückt. Die Köpfe erhalten ein separates Nasenstück, das wir andrücken; die Augenhöhlen wiederum vorsichtig eindrükken. Den Bart von Josef (B, 2) setzen wir unterhalb der Nase an. Das Kleid von Maria (C, 1) ziehen wir am unteren Rand in die Breite; ein rechteckiges, flaches Tuch legen wir über den Kopf. Den Hut von Josef (B, 4) entsprechend der Vorlage flachdrücken und in der Mitte eine Mulde herausformen. Für den Stock (B, 3) von Josef schneiden wir uns ein Stück Draht zurecht und umschließen diesen mit der Fimomasse.

Das Fimobindeband (C, 2) von Maria legen wir ihr um die Taille und verknoten es vorne. Ochs und Esel setzen wir wie in der Vorlage dargestellt zusammen; die Ohren in Form drükken und die Schwanzenden flachdrücken. Jetzt formen wir noch zwei Standfüße für den Sternenbogen, schneiden uns einen 66cm langen Draht zurecht, biegen diesen zu einem Halbkreis und stecken ihn in die Standfüße. Wir ziehen den Draht wieder heraus und drücken die Sterne sowie den Kometen fest auf; eventuell auf der Rückseite etwas Fimo dagegenkleben.

Wir legen alle Teile auf ein Backblech und lassen es bei 130°C im Backofen aushärten. Zum Schluß kleben wir noch die Fellhaare (B, 5) mit der geraden Kante nach vorne auf den Kopf von Josef. Die Augen und den Mund der Figuren malen wir mit Lackfarben auf. Den Sternenbogen kleben wir in die beiden Standfüße ein und schmücken ihn noch mit etwas weihnachtlichem Grün.

Mein Tip!

Die Figuren und die Sterne erhalten einen schönen Glanz, wenn sie nach dem Aushärten noch lackiert werden.

Material

Fimoknetmasse: Hellblau, Blau, Fleisch, Braun, Aubergine, Grau, Gelb und Weiß
Langhaarplüsch in Braun
1,2mm Draht
Astmoos

Die Vorlagen und Bastelhilfen für die Fimokrippe sind auf den Seiten 118 und 119 zu finden:
A Jesuskind
B Josef
C Maria
D Ochse
E Esel
F Komet
G Sterne
H Standfuß für den Drahtbogen

Holzkrippe

Material

Holzstäbchen (Schaschlikspieße)
16mm Rundholz für Köpfe und Körper
4mm Rundholz für Arme und Beine sowie den Hals vom Jesuskind
9mm Rundholz für Körper und Kopf vom Jesuskind sowie den Hals der Figuren

Den Stall basteln wir aus Schaschlikspießchen; Holzleim verwenden. Für eine Seitenwand legen wir zwei 14cm lange Holzstäbe im Abstand von 12cm auf eine Unterlage und kleben die Enden mit Tesafilm fest. Darüber kleben wir in Querverbindung 19cm lange Schaschlikspieße. Eine zweite Wand in gleicher Weise anfertigen. Die Rückwand beginnen wir ebenso: zwei Holzstäbchen diesmal im Abstand von 19cm auflegen und ca. 5 Stäbe unten und 5 Stäbe oben als Querverbindung aufkleben. Jetzt stellen wir die Wände auf und binden die Standstäbchen oben und unten zusammen. Das Dach überdecken wir wiederum mit 19cm langen Holzstäbchen und etwas Gras. Anschließend schneiden wir die Figuren aus den Rundhölzern zu und leimen sie zusammen: Josef, Maria und der Hirte bestehen aus einem 4cm langen Körper, einem 9mm langen Hals, einem 2cm großen Kopf und 3,5cm langen Armen; Huthöhe 1cm. Das Jesuskind erhält einen 2,5cm langen Körper, einen 4mm langen Hals, einen 8mm großen Kopf und 2cm lange Arme. Für die Schafe schneiden wir einen 3,5cm langen Körper, einen 2,2cm großen Kopf und 3,5cm lange Beine zu. Die Ohren der Tiere zwicken wir von Schaschlikspießen ab. Für das Krippenlager kleben wir 6 - 7cm lange Spanstreifen übereinander und legen das Jesuskind mit etwas Heu hinein.

Mein Tip!

Holzklötze in unterschiedlichen Höhen ausschneiden und als Zaun aufstellen.

Mit dieser Krippe darf auch gespielt werden. Je mehr Schäfchen gebastelt werden, desto besser.

Hanfkrippe

Wir ziehen aus dem Hanf einen daumendicken Strang heraus und legen ihn zur Hälfte zusammen; Zeichnung J,1. Jetzt machen wir einen normalen Knoten oben an der Teilungsmitte; Zeichnung J,2. Die unteren Hanffasern teilen wir in drei gleiche Teile auf und beginnen zu flechten; Zeichnung J, 3 - 6. Nach 4cm binden wir das Geflochtene ab; Zeichnung J,7. Jetzt nehmen wir einen fingerdicken Hanfstrang und flechten 20cm lange Arme, in die wir ein Stück Draht einschieben; Zeichnung J,8. Mit einem dünnen Hanfstrang binden wir nun die Arme unterhalb des Knotens durch eine Kreuzwicklung fest; Zeichnung J,9; die Verknotung findet hinten unterhalb des Knotens statt; restliche Hanffaser nach vorne legen. Jetzt stecken wir noch ein Drahtgestell in den geflochtenen Körper; Zeichnung J,10. Zwei Augen und ein Mund aus Stecknadelköpfen lassen nun den Knoten als Gesicht erscheinen. Die Tücher mit Stecknadeln und Klebstoff anbringen. Beim Josef schneiden wir am Schluß wie in Zeichnung J,11 dargestellt den Knoten oberhalb auf und drücken die Fasern mit reichlich Klebstoff auf den Kopf herunter; Gummiringe verwenden. Das Jesuskind ebenso handhaben, allerdings nur halb so lange Hanfstränge benutzen.

Material

Hanf
Futterstoff: Rot, Weiß und Blau
Perlen
Stecknadeln
Draht

Eine Bastelhilfe zu dieser Hanfkrippe ist auf der Seite 119 zu finden: J Anfertigung einer Figur

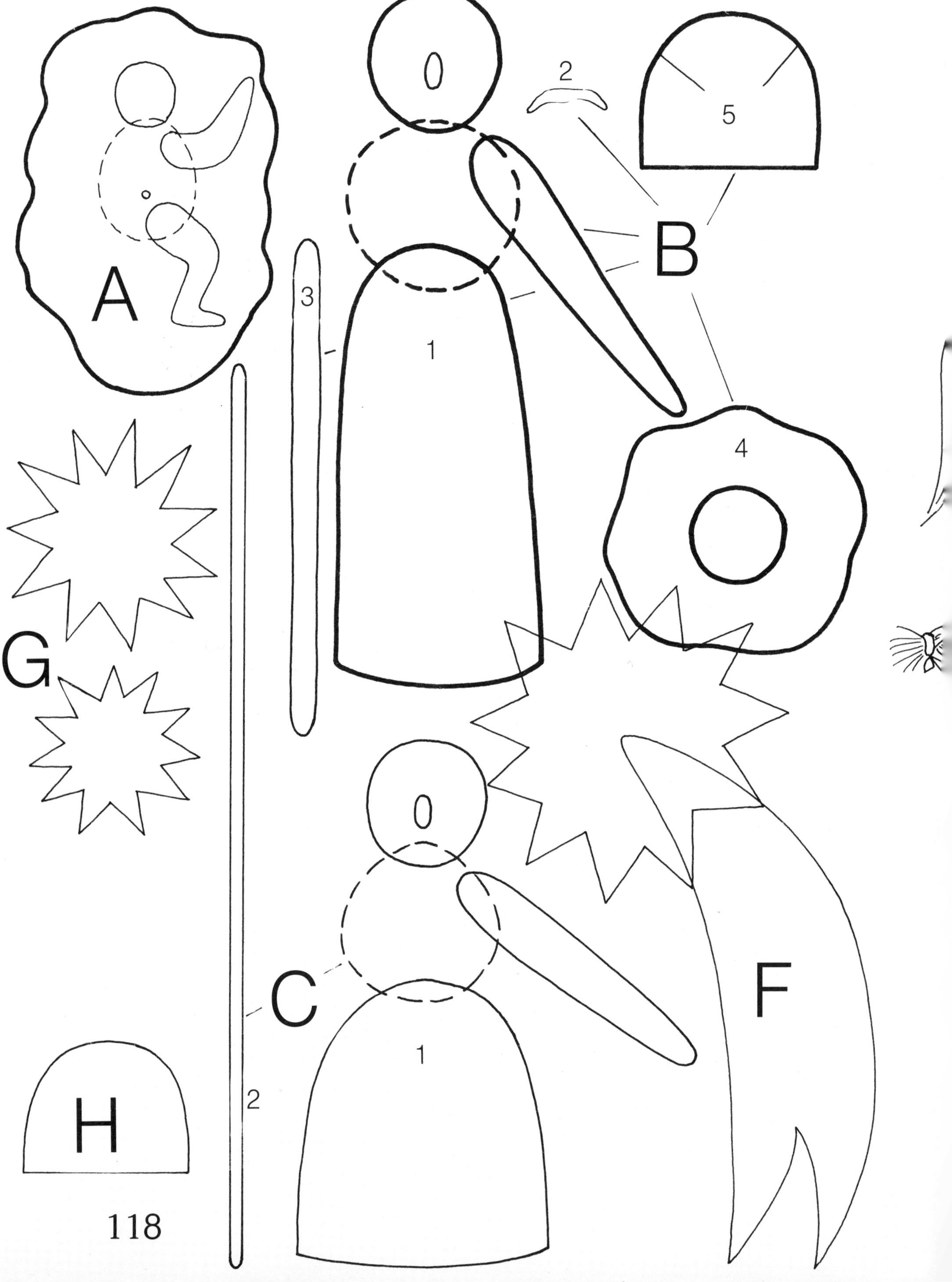
A
B
2
5
3
1
4
G
C
1
2
F
H